聪明女人必懂的魅力口才与理财技巧

图解案例版

汇智书源◎编著

中国铁道出版社
CHINA RAILWAY PUBLISHING HOUSE

内 容 简 介

　　女人可以生得不美丽，但一定要活得精彩。我们身边经常会出现：两个女人，同样貌美，一个神采奕奕，另一个却精神不佳；同在职场，一个如鱼得水，另一个却止步不前；同样的生活窘境，一个充满希望，另一个却怨天尤人。为什么会这样？关键就在于是否学会了生活，是否拥有魅力口才，是否懂得理财技巧。

　　魅力口才是女人成功的法宝，理财是女人安全感的依托。本书以女性在生活中的各个场景为切入点，生动翔实地介绍了女性面对不同情境的不同应对方法。本书内容贴近生活，通俗易懂，具有很强的可操作性和实用性，能够实实在在地帮助女性朋友掌握魅力口才与理财的技巧。

图书在版编目（C I P）数据

聪明女人必懂的魅力口才与理财技巧：图解案例版 / 汇智书源
编著. — 北京：中国铁道出版社，2017.8
　ISBN 978-7-113-22483-7

　Ⅰ. ①聪… Ⅱ. ①汇… Ⅲ. ①女性－口才学－通俗读物②女性－
财务管理－通俗读物 Ⅳ. ①H019-49 ②TS976.15-49

中国版本图书馆 CIP 数据核字（2016）第 265027 号

书　　名：聪明女人必懂的魅力口才与理财技巧（图解案例版）
作　　者：汇智书源 编著

策　　划：苏　茜　　　　　　　　　读者热线电话：010-63560056
责任编辑：张　丹
责任印制：赵星辰　　　　　　　　　封面设计：MXK DESIGN STUDIO

出版发行：中国铁道出版社（北京市西城区右安门西街 8 号　　邮政编码：100054）
印　　刷：三河市兴达印务有限公司
版　　次：2017 年 8 月第 1 版　　　2017 年 8 月第 1 次印刷
开　　本：700mm×1000mm　1/16　印张：16　字数：254 千
书　　号：ISBN 978-7-113-22483-7
定　　价：39.80 元

前 言

PREFACE

在当今复杂的社会环境中，做人需要智慧，做个出色的女人则更需要智慧。在生活中把每句话说得恰如其分，并能精心打理投资理财的财富生活，才能达到自如和优雅的生活境界，那么幸福与成功一定不会错过。

这种说话与理财的本领并不是来自天赋，而是需要女人独特的敏感和悟性，需要在生活中不断地总结、思考与沉淀，才能在生活和交际中融会贯通，收放自如。

魅力口才让你更受欢迎。同样说一件事情，为什么有人刚开口就被否定，有些人就能让他人频频点头？同样的一个请求，为什么有人刚说出口就被拒绝，有人能让他人乐于帮助自己？其实差别就在于怎么说。

说话是一门艺术，生活中谈吐得体、言语生香的女人更会得到他人的喜爱，有魅力的口才更能得到他人的肯定。所谓的魅力口才并不是巧舌如簧，而是恰如其分。懂得在不同的场合怎么说；面对不同的人怎么说；什么时候该说，什么时候不该说。

只有掌握了口才技巧，才能让你说话时得体大方，广受欢迎。好口才是事业上披荆斩棘的利剑，是生活中彰显魅力的资本。魅力口才成就女人的一生，让女人一生顺风顺水、眷顾不断。

理财技巧让你更加富有。女人要有"钱"，这是我们最质朴的价值观，无关乎身份、性别、婚否。会理财才有安全感，善投资才是新时代女性幸福的根源。如果你不能做到经济独立，如何能掌握自己的人生。

理财并非多么高深的学问，也无须多么丰富的学识。女人大可不必左顾右盼，其实自己生来就是理财的行家。

女人天生的职责与其敏锐细腻的心思，使其比男人更适合理财。"敏感"让你能够及时体察到市场中的机会；"细致"能让你及时对波动做出反应；"责任"让

你有更好的全局观，目标更加明确。因此，女性只要稍加学习，就能找到并利用自己的优势在理财领域大展拳脚。

本书分为"魅力口才"和"理财技巧"两大篇，书中没有枯燥乏味的理论，也没有陈词滥调的说教，而是从女人的视角出发，将生活和工作中的口才与理财智慧娓娓道来，教你口才和理财必备的实用方法和技巧。

女人，你还在为自己不懂说话技巧、没有好口才而烦恼吗？阅读本书，你也可以做一个妙语连珠、谈吐不凡的说话高手！女人，你还在为理财过程中始终不得要领而懊恼吗？阅读本书，你将拨云见日，智慧地掌控金钱，做人生赢家！

书中案例的姓名若与现实有相同者，纯属巧合，并无有意为之，请谅解。

编 者

2017 年 6 月

目录

CONTENTS

第一篇　魅力口才篇

第二篇　理财技巧篇

第一篇
魅力口才篇

　　在我们的日常生活中，沟通交流扮演着非常重要的角色。一句话说得好，可以惹人笑；一句话说不好，可以惹人跳。一句话可以使朋友变成敌人，引发一场战争；一句话也可以化敌为友，冰释前嫌。会说话的女人最强大，但是怎样才叫会说话，如何说得好说得巧，看"魅力口才"这篇就可以。上几堂魅力口才课，让你从此气场非凡！

第一章

CHAPTER 01

幸福女人有诀窍，好口才有好人生

语言是人们不可缺少的沟通工具，而理想的人际关系也正是通过恰当的语言交流建立的。受欢迎的女人不仅要有美丽的外表和好性情，还要有好口才。女人的好口才是一种具有独特魅力的武器，是人际交往中掌握主动权的撒手锏。它不仅可以让你在职场上游刃有余，还会让你的生活更加甜蜜和幸福。

一、千万不要只图嘴上痛快

相信很多人都有这样的经历，总是在不知不觉中得罪别人，但却不知道自己哪里做错了。当别人向你小心提起时，你才会恍然大悟，原来是好多话没有经过深思熟虑，就轻易说出口了。

人最看不清的往往是自己，最管不住的就是自己的嘴。有时自己只图嘴上痛快，说话之前都没有经过大脑。但自己无意中的言行可能会被扩大，所以口无遮拦的毛病一定不能有，如果有就要改掉，不然不知道哪一天，只图嘴痛快的你会惹上是非。

在现实生活中，朋友相聚时，有些人只顾一时口舌之快，有意无意地对他人造成了伤害，有时一句不得体的语言完全可能把深厚的友情葬送。其实有许多语言伤害原本是可以避免的，只要我们学会设身处地地为别人考虑，尊重他人。

我有一个女性朋友心地很善良，上学的时候身边有很多朋友。但她有一个坏毛病，就是和人说话时总像在说对方不好，不过对于这点大家都心知肚明，因为她平时也经常帮助大家，所以同学们从不计较。但毕业之后走向社会，情况就变了。

一次，她的同学带着准新娘请她和几个同学吃饭，几个人一起去吃火锅。吃饭的时候，她开玩笑说："你也太抠门了，这么大的喜事，怎么也应该请我们吃点好的啊！"她的同学回答说："呵呵，意思到了就好嘛，现在不是当年，要养家糊口啊！"

这本是个玩笑，她的同学也没太在意。但她接下来的话，让大家都很尴尬，她说："得了吧，你当年什么样我还不知道，只要是请女孩吃饭，多少钱你都愿意！"这时，这个同学的爱人脸上就有些挂不住了，其他同学更是无话可说。诸如此类的事情很多，渐渐她身边的朋友一个个都离她远去。

生活中很多不愉快的事情，起源多在于口无遮拦，所以说话之前要三思，就显得尤为重要。病从口入，祸从口出，这并非是一句玩笑话。因此，我们有时候为了避免不必要的麻烦，应该掌握一些说话的技巧。

任何事物都有其两面性，有时说话可以让我们事半功倍，但有时候也会让事情更加糟糕。那么我们应该怎么避免说话带给我们的害处呢？

女人只图嘴上痛快主要有以下几种情况。

1．遭遇悲惨的事

非常伤心，无比郁闷，总是忍不住要向身边的人倾诉苦衷，倒尽苦水，殊不知，这样会让自己变得讨人厌，遭人嫌弃，甚至是让人避之唯恐不及。

2．遇到开心的事情

十分欢喜，总禁不住要让身边的人分享自己的喜悦，感受自己的快乐，殊不知，这样也会让人感到厌烦，慢慢远离自己。

3．遇上困惑的事情

总禁不住要向身边的人倾吐自己的秘密，走进自己的世界，解答自己的疑惑，殊不知，这样会惹人笑，遭人厌，甚至成为人们茶余饭后的笑柄。

在社会交际中，语言是必备的也是最重要的工具之一，但在说话的时候千万不要只图嘴上痛快。女人即使外表再漂亮，如果不懂说话的技巧，总是说话不经思考，也不会招人喜欢。

二、不了解说话对象，就无法有效沟通

谈话是一种双向的行为，除了自己以外，还有谈话的对象。因此，说话的人不能想说什么就说什么，而要在开口说话之前，先了解谈话的对象，从对象的不同特点出发，选择不同的表达方式并掌握一定的分寸，创造一种和谐、融洽的气氛，这样更容易达到说话的目的。

星期天的时候，一位打扮时髦的女人在一家服装店里挑选衣服，她手里拿着一件衣服试了又试，也无法决定自己到底该不该买。见状，实习营业员上前说道："小姐，你穿着这件衣服很漂亮，这款衣服卖得也不错，就剩下两件了。"听售货员如此一说，那位小姐把衣服放下就走了。

没过一会儿，一位中年妇女走进了服装店，准备买一件新潮的外套。实习营业员吸取了"教训"，便说："您现在试穿的这件外套极为气派，一般人都穿不出您这气质，从进货到现在还没有卖出一件，看来只有您这样的顾客穿着最合适了。"结果说完之后，这位中年妇女也气呼呼地走掉了。

故事中的实习营业员就是说话不看对象，结果惹得顾客不高兴，所以衣服也没有卖出去。穿着时髦的年轻女性自然追求与众不同，她绝不会买大街上到处都能看到的衣服，这是有失品位的；而中年妇女，最担心的就是别人都穿不了的衣服自己穿，这会让她觉得自己老了，赶不上潮流了。

现如今，人们的交际圈子越来越大，所面对的对象也是性格迥异，有的性格内向，不仅自己说话比较讲究方式方法，而且也很希望别人说话有分寸；有的则性格外向，说话不拘小节。因此，女人开口之前要先了解说话对象，你说的话与对方的心理相吻合，对方才乐于接受。

"知己知彼，百战不殆"，只有学会对不同的人说不同的话，才能把话说到对方的心坎儿上。了解说话对象后再开口，才能有的放矢，与对方的沟通才有效。

1．了解对方的性格

性格不同，说话做事的方法也会有所不同。对方的性格是内向型还是外向型，急躁型还是稳重型，掌握了对方的性格，才能根据对方的性格来进行交谈。

2．了解对方的真实想法

一个人坚持某一种想法，并非偶然，除了表面的一些理由，可能还有深层次的原因，而正是这种深层次的原因才是他的真实想法。也许他担心自己真实的想法得不到他人的认同，而难以说出口。因此，如果能真正了解自己的苦衷，就能采取有针对性的措施加以解决。

3．了解对方的情绪

影响对方情绪的因素有很多，如谈话前其他事情对他造成的影响依然存在；谈话时对方的注意力还集中在其他事情上；对方对你的看法和态度等。因此，谈话的时候，要设法了解他的情绪。

总之，在与对方交谈时要先了解对方，从而有效地避免触到对方的逆鳞，你们的谈话才会顺畅而有效。

三、女人，这个时候你该开口吗

孔子在《论语·季氏篇》中说："言未及之而言，谓之躁；言及之而不言，谓之隐；未见颜色而言，谓之瞽。"这其实就是对说话的分析：在不该说话的时候说，是急躁；应该说话时却不说，是隐瞒；不懂得看对方的脸色，便信口开河，是闭着眼睛瞎说。

很多女人有这样的毛病，即掌握不好说话的时机，在不恰当的场合说话，招来别人的厌烦，甚至成为别人的笑柄。这种现象，不论是在普通会话或在正式场合，都应该引起人们的重视。

《战国策·宋卫策》中记载了这样一个故事：有一个卫国人娶亲，新媳妇刚坐上马车就问："这三匹马是自家的吗？"驾车的人说："不是，是借来的。"新媳妇就对驾车的人说："那要好好爱护它们，不要鞭打。"下车之后，她一边拜见家人，一边吩咐随身的奶妈："快去把灶里的火灭掉，否则要失火的。"进门之后，她看见石臼，又吩咐道："快把它搬到别的地方，放在这会妨碍别人走路。"听到她这么说，夫家的人觉得她十分可笑。

故事中新媳妇的话都是出于好心的善言，但为什么会让人觉得可笑呢？原因就在于说话的时机不对，不该开口的时候却多言，她还在举行婚礼，可是却吩咐这指使那，即便她是出于好心，语气也温柔，还是让人感到好笑。

所以聪明的女人应该懂得说话要与环境相吻合、相协调，这样才能取得好效果。女人在说话之前，一定要想想自己这个时候开口，对吗？

张某是一个单位的库房管理人员，单位刚购置一批新的器材，可是却没有空调，这样不利于器材的保养，于是她向领导申请安装空调。但领导认为其他办公室都没有，库房不能破例，尽管张某解释说这样有利于器材保养，也没能说服领导。

后来，单位组织参观博物馆，博物馆里的很多古文物因为保管不善而损坏，博物馆工作人员说，这是因为缺乏经费，没能够让文物保存在恒温状况下而导致的。若是安装了空调，文物将保存得更加完善。领导听后，不禁有些感慨。站在一旁的张某趁机对领导低语："其实，库房里装空调也是这个道理。"听张某提起这事，领导沉思片刻，就决定在库房安装空调了。

具有高超说话技巧的女人，懂得发现听众所感兴趣的话题，并在恰当的时机说出来。如果不顾及说话对象的心态，不注意周边的环境，或者是不该说话时却急于抢说，都极有可能引起对方的误解，甚至反感。但说话时机对了，可以让事情变得简单许多。

四、相似因素，找准话题切入

著名口才大师卡耐基曾说："即使你喜欢吃香蕉、三明治，但是你不能用这些东西去钓鱼，因为鱼并不喜欢它们。你想钓到鱼，必须下鱼饵才行。"说话也是如此，与人交谈必须找到对方感兴趣的话题。

但有些女人在说话的时候，只顾及自己，从来不考虑别人的感受，这样的女人很难得到别人的认同。每个人都有不同的兴趣与爱好，如果你能找到与对方的相似因素，并以此为突破口，沟通会顺利许多。

宋玉所在的大学社团要组织一次创业大赛，想要请一位专家来做指导老师。但这位专家已经退休在家多年，且为人性情清高孤傲，很少有人请得动他。

为了能让老专家做大赛的指导老师，宋玉还是决定去试试。当她去拜访老专家时，老专家刚开始对她态度很冷淡。宋玉不经意地发现专家书桌上放着一幅刚完成的书法，而宋玉也非常喜欢书法，而且对此有一定研究，便边欣赏边赞叹道："您的这幅书法，笔势雄健洒脱、气势磅礴，真是好字啊！"

宋玉的话让老先生产生了愉悦感和自豪感，也激发了老专家的谈话兴趣，对宋玉的态度有所好转。之后，宋玉对所谈话题着意挖掘，环环相扣，最终说服了老专家做创业大赛的指导老师。

每个人都希望自己是重要的，是被需要、有价值的。但你要别人怎么对你，就得先怎样对他人。相似因素，会快速拉近与对方的距离。每个人的兴趣爱好并不相同，找准切入话题，才能赢得他人的好感。

聪明女人在说服别人的时候，懂得找准切入点，这样能让对方感觉到受重视、受尊重。只有别人对你的话语感兴趣，对方才愿意和你交谈。

五、嘴上要有把门的，玩笑也得悠着开

幽默是一种巧妙的交流方法，是智慧与灵感在语言运用中的结晶，也是一种良好修养的标志。人与人之间的交往需要语言的沟通，玩笑的作用也是不可低估的。人际交往时开个得体的玩笑，可以松弛神经、活跃气氛，创造出一个适于交际的轻松愉快的氛围，因而诙谐幽默的人常能受到人们的欢迎与喜爱。

新学期伊始，一位身材瘦小的女教师走上讲台时，学生们有的面带嘲讽，有的则交头接耳地取笑。

面对这样的情况，这位老师扫视了一下大家，然后风趣地说："上帝曾对我说过，当今人们没有计划，在身高上盲目地发展，这将有严重的后果，我警告无效，你先去人间做个示范吧。"

同学们哄然一笑，然后就鸦雀无声了。

一个小小的玩笑既活跃了气氛，又拉近了人与人之间的距离。学生们都被老师的幽默智慧所折服了，忘却了她身材上的缺陷。这就是幽默的力量！当你充满幽默、善于思考的时候，会发现它可以帮助你轻松愉快而又不乏意义地面对生活、面对人生。

但任何事情要有一个度，开玩笑也是如此。嘴上没有把门的，玩笑开过了头则适得其反，伤害感情。

郭敬明有一次作为中国梦想秀的评委参加节目，其中有一组选手，是表演健美，大块的肌肉，高大的身躯，让人立马就觉得他们很强壮，后来轮到他们发言的时候，其中有一位选手就说："听说今天郭敬明来了，怎么没看到他的人呢？"，结果这一句话就惹恼了郭敬明，郭敬明说："你的身材高大、

健壮，是用来向全民宣扬运动的精神，而不是用来讽刺讥笑那些比你们弱小的人，而且我也不喜欢跟不太熟的人开玩笑。"（这个时候郭敬明已经面带怒意。）

开玩笑原本是一件好事，恰到好处的玩笑可以让大家开怀一笑，活跃一下严肃的气氛，消除对方的紧张感和敌意，拉近人们彼此之间的距离。许多大人物都是开玩笑的高手，能在不同的场合与不同的人们交流得很融洽。

但是开玩笑也要拿捏分寸，可能许多玩笑者原本没有恶意，但开得不恰当，往往会弄巧成拙，使对方不愉快，反而影响双方的感情。

总之，开玩笑最终的目的是让听众和你一起笑，而不是你一个人乐了，听众却被你伤害了，所以大家在开玩笑之前，一定要设身处地地替对方想一想，如果你是对方，听完后会有什么反应；如果你肯定对方会和你一样开心，不妨说出来把快乐一同分享；如果你认为对方会生气或者伤心，还是免开尊口为好。

说话要学会婉转，适当地说一些暗话也许会让人感觉舒服一些，有些心里话还是留在心里比较安全一些。

因此嘴上要有把门的，开玩笑要掌握好分寸。控制好玩笑的度需要掌握以下几个要点。

1. 开玩笑的对象

开玩笑前，要清楚地了解哪些人、哪些事可以开玩笑，玩笑开到哪种程度，要拿捏得非常准确，这样的玩笑才能起到应有的作用。即使在熟悉的人面前，也不能大大咧咧地总开玩笑，一旦时间长了，在朋友面前就会显得不够庄重，就不会得到他们的尊重；在领导面前，就会显得你不够成熟稳重，也就不会给予你信任和重视，这样就得不偿失了。

2．开玩笑的内容

每个人都有自己的尊严底线，玩笑的内容是不能跨越这些的；否则，带来的效果绝对不是自己想要的。人们都怕别人用自己的短处开玩笑，俗话说，当着矮人不能说短话，当着和尚不能骂秃子。

开玩笑要遵守与人为善的原则，其内容应该有利于感情的交流与传递，这样才能达到幽默的效果，从而加深人与人之间的感情。

3．开玩笑的场合

玩笑能不能达到效果，也要分场合。不能将玩笑和严肃的话题混淆，否则容易引起不必要的麻烦。

4．开玩笑的互动

开玩笑是一个互动的人际交流。有些人喜欢捉弄别人，以为能达到逗笑的效果，其实，这就不再是玩笑了。捉弄别人是对别人的不尊重，会让人认为你是恶意的，这样玩笑也就得不到良性的互动效果，还会形成一种隔阂，影响你和别人之间的关系。

其实，聊天中开玩笑的人动机大多都是友好的，但若把握不好分寸和尺度，就会产生不良后果。一旦开了不适宜的玩笑后要学会弥补，定能收到峰回路转、柳暗花明的效果。

六、女人要根据对方性别说话

通常情况下，性别不同，所喜欢的说话方式不同。比如，对于他人的赞美，女人喜欢他人直接说出；而男性则喜欢间接的方式。因此，在说话时还要充分了解性别的差别，这样才能受他人欢迎。

在中国的传统观念中，女人不应该直白地称赞异性，这样会让自己的形象受损，也会让对方不自然。因此，女人在赞美异性的时候会比较含蓄、婉转。

在公司的年终宴会上，康游结识了一位男士。这位男士英俊潇洒，康游对他很有好感，想要更多地了解他。但这位优秀的男士周围，应该也有很多女人想接近他。如何才能给对方留下一个好印象呢？康游知道，开口是非常关键的一步，自己想要博得他的好感，就必须表现得不卑不亢。因为自己处于主动的地位，要先开口，康游认为，借别人之口称赞他才是最好的方法。

当同事介绍康游和这位男士认识后，康游说："之前一直听同事说你潇洒开朗，今天一见，的确如此。"康游这样说，不仅借他人之口称赞了对方，也暗示了对他有兴趣，更为重要的是给自己带来机会的同时也掌握了主动权。

由此可见，借他人之口间接赞美别人，是女人赞美异性最有效的方法。所以，女人常常使用这种间接的赞美，来赞美男性。男性一般都希望得到女性的尊重，且得到美名。因此，当有女性借他人之口赞美他时，就会令他感觉自己很了不起，从而更容易相处。

巧借他人的话来带出你的赞美，话语间虽是别人的赞美，但其实是你的赞美。这样说话不仅能够很好地表达你的意思，也让对方更乐于接受。

七、礼貌是女人说话最好的修饰

一个人不管在社会上扮演什么样的角色，充当什么样的身份，礼貌都是维持人际关系互动的规则。在人际交往中，人们相互之间往往通过说话表示尊重和友好。有句话叫作"尊重别人就是尊重自己"。一个有礼貌的人到哪里都会受欢迎，受到人们的热诚接待，而一个习惯于出口不逊的人，就不会得到别人的喜欢。

在与人交往中要讲究礼貌，"人而无礼，不知其可"。有这样一个真实的故事，说明一个人在言谈举止方面如果不注意礼貌，会带来什么样尴尬的后果。

朱婷的爷爷快要过八十大寿了，为送爷爷一份喜欢的礼物，她托朋友找了一位国画大师，想为爷爷求一幅山水画。她认为既然已经让朋友约好了大师，自己只要过去取就可以了，于是早上起床后匆匆就出发了。

一见到国画大师，朱婷就冒失地说自己是来取画的，是某某介绍来的。大师看朱婷慌慌张张的样子就很不高兴，再加上朱婷说话一点儿也没有谦虚、礼貌的样子，大师非常生气，气呼呼地说："谁介绍你来的啊？我怎么不知道？谁介绍你来的你找谁要去！"说罢就走了。

于是朱婷找到自己的朋友，生气地讲述了自己的遭遇。朋友听后无奈地说："你也不想想，这位国画大师到哪别人都毕恭毕敬的啊！你一副满不在乎的样子，人家能给你画吗？"朱婷一听恍然大悟，原来是因为自己说话不礼貌，得罪了别人。

礼貌就是一个人的名片，说话有礼貌的人处处都会受到人们的欢迎。"敬人者，人恒敬之。"礼貌是一个人应有的基本修养，在和他人交谈的时候，有礼貌的人都会给人一种好感，受到别人的尊重。礼貌不礼貌，看似小事，可有时会直接影响到大事的成败。因此，在和他人交往的时候，一定要注意礼貌待人。

讲礼貌看似简单，但要时刻注意并非易事。这就需要我们平时多加学习，加强修养。女人要懂得，不论是工作还是生活，必须做好准备工作，了解对方忌讳什么、厌恶什么，然后避而远之，千万别让对方认为你不礼貌。

如果像朱婷那样冒失，说话不讲礼貌，惹得对方发了火，岂不是得不偿失！

八、聪明的女人不说"你错了"

不会说话的女人，看到别人犯了错，就会不考虑别人感受地说："你错了。"对于别人的错误，她会不留情面地批评。比如，"早就给你说，你错了，你就是不听"。"谁像你那么不开窍，要是我早就完成了。"这种批评别人的话，不管是谁听了都会不高兴。

"人活一张脸，树活一张皮"，谁也不愿意当众被批评，这会让自己感觉很没面子。因此，作为聪明的女人，就要学会为别人保住面子。即使别人犯了错误，也要懂得给人留面子，不要把话说死、说绝，使得自己毫无退路可走。

当别人犯了错误，脾气不好的女人会忍不住大发雷霆，当面指责对方。但她会发现，对方并不会接受自己的"善意"，还会产生抗拒心理。人都是有自尊心的，被批评并不是什么光彩的事，尤其是当着众人的面，更会让被批评者"颜面扫地"。因此，聪明的女人从不说"你错了"。

王虹在一家建筑公司做安全协调员，她的职责就是注意工人的安全措施是否到位。刚开始工作的时候，王虹非常负责，只要看到工地上的工人忘记戴安全帽，她就会予以批评。对于她的批评，工人也是一脸的不高兴，她会说："我这也是为了你们好啊，对你负责，对你的家人负责。"虽然工人们表面接受了她的批评，但心里也不痛快，还是经常不戴安全帽。

对于这种情况，王虹也很苦恼。后来一个同事建议王虹换种方式让工人接受她的批评，站在工人的角度想问题。当工人不戴安全帽的时候，王虹会问他们是不是帽子戴起来不舒服，或有什么不足之处，并以令人愉快的声调提醒他们，戴安全帽是为了保护自己不受伤害，建议他们工作时一定要戴安全帽。王虹的态度改变了，不让工人觉得没面子，戴安全帽工作的人也越来越多，而且也不会对王虹有不满的情绪了。

我们应该明白，对他人的批评是为了让对方认识到错误，并改正错误，让他把事情做得更好，而不是要显示自己的威风或压制别人。只有明白这一点，我们才能端正自己的态度，对方才能乐于接受我们的批评。

说话含蓄、委婉的女人会使人对她心生好感；相反，直言批评的女人会让人对她痛恨不已，甚至心生怨恨。因此，我们在说话的时候，不妨语言含蓄一些，不要冒犯别人，否则，不仅会伤到别人也会伤到自己。

作为一个聪明的女人，千万不要得理不饶人。对于他人的错误，我们从侧面委婉地指出，这样既能保住别人的面子，也能达到自己的目的。

九、没有情感的语言，你想打动谁

因为人是有感情的，我们看到感动的事情会哭，看到搞笑的事情会笑，一切酸甜苦辣，在心里都会有一定的感触。所以想要打动一个人，只要是打开了他的心，那么万无一失了。

说话的一个重要诀窍就是以情动人。没有情感的语言，是打动不了别人的。要想打动别人，说出去的话要富有情感，这样自己的言语才能够得到他人的认可。真正说服他人，应该拉近与对方情感上的距离，如此方为良策。女人尤其感性的，所以女人就要善于运用自己的这一特性来以理服人，以情感人。

刘雪对于租住的房子很满意，但就是觉得房租有点高，她想让房东降低点房租。其他租户都说房东是个很固执的人，从没被别人说服过。但刘雪觉得不管怎么样，自己也要试一试。

当房东得知刘雪等房子合同到期后就不再继续住了，便带

着房屋租赁合同来找她。刘雪热情地招待了房东，她并没有直接说房租贵，而是说她住了这么久，很喜欢房东的房子。随后，又夸奖房东管理房产的本领高超。房东也看得出来，刘雪的赞美确实是出于真心，让房东很感动。最后，刘雪真诚地对房东说，她还想再住一年，但房租确实让她有点儿压力。

房东被刘雪真诚的话感动了，并向她大吐苦水，说很多房客并没有刘雪这么善解人意。随后不等刘雪再开口，房东就主动给她减去了一部分房租。

真情实感是打动人心的一条最佳途径，不论是日常交往还是生意谈判，只有真情自然流露，才能打动人心。事实证明，正是刘雪那种充满了情感的友好和赞美深深地打动了所谓的固执房东，并最终如愿以偿。

饱含情感的语言犹如和风细雨，润物无声，能够融化一切尴尬、敌对和不快，让人在不知不觉间便接受了彼此的观点或意见，没有丝毫的勉强。

动之以情，方能晓之以理。打动别人的过程，亦同样是彼此情感上的交织与升华。说服别人不能只靠干涩的语言堆积，更需要彼此情感上的和声与共鸣。感情是沟通最好的桥梁。以心换心的说服才能让对方真正地认可你的观点，顺从你的劝导。女人尤其擅长以情动人，用饱含情感的语言使他人心服口服，自然没有什么事办不到了。

十、话不在多而在精，女人说话要找准点

很多成语都是告诫人们要管住自己的嘴，以免为自己招来祸患，如"言多必失"、"直言贾祸"、"祸从口出"等。明朝张居正很早就意识到了这个问题，所以他的话往往都是经过深思熟虑的，在不该说话的时候，他也能够控制住自己的情绪，先是暂时隐忍，然后才寻找机会实现自己的目的。说话不在多，在关键时刻表达自己的观点即可。什么话该说，什么话不该说，能达到什么样的效果，或在对方心理产生什么样的反应，是一个精细活，值得个人仔细考究。

有些职场新人的表现可以说是相当不成熟，他们年轻气盛，性子急躁，跟别人说话的时候也是心直口快，想到什么就说什么，结果自己得罪了人还不知道，有的甚至因为一句话说错了就给自己招来大祸。其实这些人也许并非不知道自己有这个缺点，但往往是事到临头的时候就控制不住自己，那种感觉真的是如鲠在

喉，不吐不快。因此，他们也感到很迷茫。

在职场上生活，有时就像武侠中形容的"江湖"一样，明枪暗箭刀光剑影。即使平时同事相处非常融洽，但你要在聊天的时候管好自己的嘴巴，不然就很容易"祸从口出"。说话不经大脑，是直率的表现，但也是不成熟的表现。很多时候，你说的话，恰恰是老板或同事最不想听到的。

有两位司机给总裁开车，由于单位精减人员，必须裁掉一个。于是，两人竞争上岗。第一个司机拖拖拉拉讲了十多分钟，说："我将来要还能开车，一定把车收拾得非常干净利索，遵守交通规则，更要保证上司的安全，还要做到省油……"

第二个司机没用三分钟就结束了，并得到了这个机会。他说："我过去遵守了三条原则，现在我仍然遵守这三条原则，如果今后用我，我将继续遵守三条原则：第一，听得，说不得；第二，吃得，喝不得；第三，开得，使不得。我过去这样做，现在这样做，今后还这样做。"

在上司心目中，第二个司机说得非常好。为什么呢？"听得，说不得"，是指上司坐在车上研究一些工作，往往在没公开之前都是保密的，司机只能听不能说，说了就是泄密。"吃得，喝不得"，是司机要经常陪上司到这儿开会，到那儿参观，可以吃饭，但是千万不能喝酒，这就保障了上司的生命安全。而"开得，使不得"，就是上司不用车的时候，也决不为了己利私自开车，公私分明。这样的司机谁会不用呢？这不就是话不在多而在精吗？

十一、用修辞为你的口才镀金

很多人都知道，修辞是运用语言的艺术，目的在于提高语言的表达效果。它与语法的区别在于：语法是对语言的组织规范，修辞是对语言的修饰。修辞要求准确、富有表现力，包括对语言的调整和选择两个方面。但是有很多人都不会用，所以在沟通的时候往往会因为自己的语言欠缺而失败。

在生活中，我们可以发现，人们非常容易忽视修辞。心理学专家的建议是：

人们的反应不仅取决于你说话的内容，表达时的语气同样是成功与否的关键。如果语气透露出的是善意而非敌意的信号，别人也绝对会积极地回应你的要求。

俗话说得好，"看人看心，听话听音。"好的语言，从声音上说，总是念着上口，听着悦耳，抑扬顿挫、回环婉转，给人以美的享受。如《老残游记》中王小玉说书，使人听了"好像吃了人参果，浑身三万六千个毛孔无一不熨帖"。语音修辞就是利用语言的声音进行修辞，以取得语言的音乐美。真正会说话的人会用自己最有力的语言说服对方，

而不是生硬无说服力的语言，那样只会让对方厌烦，运用"甜言蜜语"更容易与对方沟通。

为什么"甜言蜜语"会如此有效果呢？其中的秘诀就在于多多使用正面鼓励的期盼，而不是威胁和命令。我们在与他人交谈的时候，一定要学会说一些"甜言蜜语"，因为这样交谈时的气氛才会和谐，你巧妙地运用一些修辞就可以达到你想要的效果。

交谈时，会说话的人一般都懂得使用幽默的语言。拥有良好的幽默口才的人总是能赢得他人的好感，获得众多的支持和理解。幽默会让你在一片欢声笑语中，轻轻松松就能把事情办好。修辞方法是制造幽默的"酵母"，能收到语言风趣、语意深刻、引人发笑、振聋发聩的表达效果。

修辞的艺术正是沟通的艺术，要学会运用修辞为你的语言润色，这样才更能让人接受，更具说服力，才能打动对方。想要成功，就要运用好你的口才，这样方能让你更受他人欢迎。

十二、得体的称呼，有效缩短"你""我"距离

"爸""妈""老公""老婆""张先生""李先生"，这样的称呼用语对穿梭于各色人群中的我们来说，大概每天都会被说上几次甚至几十次。频率之高很容易就使我们忽略了它们的重要性和差别所在。其实称呼语和人的感情一样细腻，每个称呼都有特定的语境和范围，蕴藏着很深的学问和玄妙之处。

刘女士今年快七十岁了，由于保养得好，看上去比实际年龄要年轻些。她去菜市场买菜，一个新来的年轻姑娘迎上来说："老奶奶，我们家的菜可新鲜了，看看您需要点什么？"

没想到刘女士的脸色很难看，没搭理那个姑娘，径直走了。这位姑娘感到很纳闷，不明白是怎么回事。旁边的人悄悄对姑娘说："她不喜欢别人叫她老奶奶，你得叫她阿姨，她就对你热情了。"

原来，这位刘女士虽然年纪有点大了，但是却不愿意别人叫她"奶奶"。她经常来这个菜市场买菜，大家都认识她，而这个姑娘是新来的，对此当然不知道。

第二天，刘女士又来买菜，那个姑娘亲热地叫了一声："阿姨，看看我们家的菜吧，便宜又新鲜。"刘女士高兴地凑了上去，看看这个，瞅瞅那个，选了不少菜。由此可见，对于别人称呼的重要性。称呼他人是一门极为重要的学问，如称呼得不妥当则很容易让他人产生反感，甚至记恨在心，久久无法释怀。

说话一定要看准对方的内心需求，就像上面介绍的刘女士虽然年龄不小了，可是不服老，而且很讨厌别人说自己老，所以想要达到说话的目的就要先了解对方的情况再开口才能把话说准。

既然称呼如此重要，那么在交往当中就要注意慎重地选择称呼。一个会说话的人，在对别人的称呼上是绝对不能马虎的。

俗话说得好："逢人短命，遇货添钱。"意思是说，人家的年龄，要少说三五

岁，人家的东西，要往贵了说。如今的老年人都有一种不服老的心理，其中女性尤甚，能喊"阿姨"的就别喊"奶奶"。

另外还需注意，看年龄称呼人，要力求准确，否则会闹笑话。比如，看到一位二十多岁的妇女就称"大嫂"，可实际上人家还没结婚，这就会使人家不高兴。如果对方不是年轻的小姑娘，而你又实在不能判定对方有没有结婚，就称呼对方"女士"。

在称呼别人的时候，还要考虑到自己与对方之间关系的亲疏远近。比如，对你的好朋友或关系较好的同事，直呼其名更显得亲密无间，欢快自然。若是你见了多年未见的姐妹，直喊"女士"反而会把关系弄得疏远。当然，为了打趣故作"正经"，开个玩笑也是可以的。

有些称呼，具有一定的地域性，使用不通行的称呼就会带来麻烦。比如，山东人喜欢称呼"伙计"，但南方人听到"伙计"肯定是"打工仔"。中国人经常把配偶称为"爱人"，在外国人的意识里，"爱人"是"第三者"的意思。

有些称呼在正式场合不宜使用。例如，"兄弟"、"哥们儿"等一类的称呼，虽然听起来亲切，但显得档次不高。

恰当的称呼能使交际得以顺利进行，不恰当的称呼则会造成对方的不快，为交际造成障碍。要想成为一名受人欢迎的女人，就要根据对方的年龄、职业、地位、身份，以及同对方的亲疏关系和谈话场合等一系列因素选择恰当的称呼，借此提升自己的魅力指数以及亲和能力指数。

第二章

CHAPTER 02

与陌生人一见如故，
变生为熟的口才技巧

所有的朋友都是从陌生人转变而来的，和陌生人见面，人们最不想遇到的就是无话可说的尴尬场面。那么如何与一个陌生人一见如故呢？这就看你的嘴上功夫是不是够炉火纯青了。

一、甩掉苦瓜脸，脸带微笑的女人没人会拒绝

人在什么时候最有魅力呢？在微笑的时候，一个热爱生活的人，一个积极向上的人，微笑是他显露最多的表情。

微笑可以在瞬间缩短人与人之间的心理距离，它是人际交往中最好的润滑剂。如果你是个不善言辞的人，那么请亮出你的微笑，这就是最动听的语言。拿破仑·希尔这样总结微笑的力量："真诚的微笑，其效用如同神奇的按钮，能立即接通他人友善的感情，因为它在告诉对方：我喜欢你，我愿意做你的朋友。同时也在说：我认为你也会喜欢我的。"

与人初次见面，给对方一个亲切的微笑，在一瞬间就拉近了双方的心理距离，消除了双方的拘束感；与朋友见面打招呼，点头微笑，显得和谐、融洽；上级对下级，一个微笑，会让人感到平易近人；服务人员面带微笑，顾客就有宾至如归之感，相反，顾客向服务人员报以微笑，显示对对方的尊重与理解，也会化解对方的烦躁与疲劳。

众所周知，在服务行业，遇到委屈是难免的，但是遇到委屈时，不妨用微笑来化解它。

徐燕是一名酒店前台，有一天是徐燕值班，一间包房要埋单，是刷卡的并且要求开发票，徐燕把卡纸拿给客人签名并要求在账单上也要签名。客人签了名后徐燕拿给收银核对，收银告诉徐燕签得不像，要客人重新签过。

尽管徐燕知道那个客人有些喝多了，也只能拿给客人重新签过，可签得还是不像。

当徐燕再一次拿给客人签时，客人有些不耐烦，怎么也不肯签，还说了很多难听的话，面对他那愤怒的眼神，粗糙的话语，徐燕没有生气，还是面带微笑耐心地向他解释说："信用卡是凭签名模式来消费的，为了您的财产安全着想，麻烦您再重新签一下吧！"最后客人终于被徐燕的热情感动了，并再一次签了名，这次核对后收银回复可以了。徐燕终于松了口气，当她把回单和发票交到客人手里的时候，客人不好意思地说："我今天有些喝多了，刚才说的话你不要放在心上，你们的服务太好了，下次还到你们这儿来消费。"

正是徐燕的微笑感染了客人的情绪，打破了他们之间的僵局，从而使徐燕和客人的关系更加融洽。微笑是全世界通用的语言，是一种无声动人的音乐，是人类一种高尚的表情，它永远是生活里明媚的阳光。所以我们要对每一个人微笑，对我们的上级微笑，对我们的家人微笑……对我们身边的每一个人微笑。

面带微笑，表明对自己的能力有充分的信心，以不卑不亢的态度与人交往，使人产生信任感，容易被别人真正地接受。微笑反映自己心底坦荡，善良友好，待人真心实意，而非虚情假意，使人在与其交往中自然放松，不知不觉地缩短了心理距离。

工作岗位上保持微笑，说明热爱本职工作，乐于恪尽职守。如在服务岗位，微笑更是可以创造一种和谐融洽的气氛，让服务对象倍感愉快和温暖。

有一家公司让他们的员工去拿一份重要的材料，结果去的都被骂了回来。老板就把这个任务交给了陈媛，陈媛很愁呀！但这份材料不拿还不行，结果还是去了。到那里，只见那位吴科长还在破口大骂呢！这时陈媛什么也没有说，只是微笑、微笑还是微笑，嘴里说着："噢？这样呀？是吗？"只是点着头微笑着。

在那位吴科长骂了一阵子后，陈媛说："吴科长，你很会善于表达你内心的愤怒呀！"后来，吴科长看了看陈媛说："嗯！这小姑娘不错！我也不为难你了，你就拿回去吧！"

就这样别人没有拿到的资料，她却拿到了。真正的微笑应发自内心，渗透着自己的情感，表里如一，毫无包装或矫饰的微笑才有感染力，才能被视作"参与社交的通行证"。

中国有许多阐述微笑能够为人们带来好人缘的谚语："眼前一笑皆知己，举座全无碍目人"、"一笑泯恩仇"等，简直是不胜枚举。

法国作家葛拉索也讲过："笑是没有副作用的镇静剂。"

有人说，如果长得不好，就让自己有才华，如果才华也没有，那就微笑！任何人都不会轻易拒绝别人的一个笑脸。一个人几乎每天都会笑上几次，整天不苟言笑才是件令人受罪的事。美国微笑之都——爱达荷州波卡特洛市有一个奇特的法令：凡在公共场所愁眉苦脸的人，一律要被送到"微笑站"进行再教育，直到学会微笑才让他离开。

二、与陌生人交谈，开场白消除对方戒心

人与人沟通，都说一回生、两回熟。"两回"不难，难就难在头"一回"。难在哪儿呢？难在面对的是陌生人，不知该从什么话说起，不知该说什么话，不知该说的话会不会让人听了感觉不悦……也就是说，面对陌生人，最难的就是如何通过开场白，给对方留下初次的好印象。而如果我们懂得消除对方戒心，用一番别具特色的语言，定是能打动对方的。

章 老师在自己家举办聚会，中途她将两个刚大学毕业的学生引见给某作家认识。学生 A 这样介绍自己："您好，我叫××，今年刚毕业，正在找工作。"听到这样的开场白，作家当时有点愣了，只好回道："是吗？那加油啊，祝你早日找到满意的工作。"

学生 B 的介绍则完全不同，他介绍自己的方式是拉近距离形成对比："您好，听说您是一位作家。"这位作家赶紧谦虚地说："哪里算作家，就是随便写写。"学生 B 笑吟吟地说："我也是，不过我更喜欢画画，我是一名美院毕业的学生。"很快，学生 B 和这位作家产生了两个共同的话题——写字和画画。等到聊得

比较热烈之后，学生 B 自然地提到找工作的事，而这位作家则表示可以引荐她认识在美术馆和画廊工作的朋友，一切都显得那么自然。

显然，学生 A 的自我介绍是不得要领的。他与作家并不相熟，在对方对他的性格和特长一无所知的情况下，他传达给对方一个正在找工作的信息，属于无效信号，还会使对方感觉此人不懂礼数。

而学生 B 的自我介绍则注重从拉近与陌生人的距离开始，以攻心为主，一句话都说到作家心里了，自然赢得了作家的好感，成功得到作家的指点也自然是水到渠成的事。

那么，与陌生人初次见面的过程中，怎样的开场白才能消除对方的戒心，才能给对方留下个好印象呢？

1. 巧妙介绍自己的名字

在社交场合，自我介绍一番是在所难免的。有些人认为这很容易："您好，我叫××，很高兴认识你。"这不就结了？但是这样平淡无奇的介绍，相信对方转头就可能忘了。忘记别人是谁可能会尴尬，不被人记住才最可悲。

与人初次见面时，想让对方记住自己，最简单的办法就是让对方记住自己的名字。比如，你可以对自己的名字做一个简单并容易被别人记住的介绍："我姓接，接二连三的接，认识我，您会有接二连三的好运！"

介绍自己名字时可以用以下几种方法：

（1）借用名人旗号：王菲菲："我叫王菲菲，比'天后'王菲多了一个'菲'，也许我爸希望我比她唱歌唱得更好，所以多加了一个'菲'字。"

（2）自夸式：李小单："我叫李小单，木子李，大小的小，简单的单。都是几个非常简单的，就像我本人一样，简简单单、快快乐乐。"

（3）调换词序式：周非："把'非洲'倒过来读就是我的名字——周非。"

（4）巧用谐音式：朱卫慧："我的名字读起来特别像'居委会'，大家以后不用客气，尽可以把我当成居委会，有困难的时候来反映，本居委会力争为大家解决。"

（5）摘引式：任丽群："大家都知道'鹤立（丽）鸡群'这个成语，但是我呢，是人（任），更希望出类拔萃，所以我叫任丽群。"

2. 自我介绍要摆脱陌生人情结

一般人很难做到与陌生人一见如故，但如果你能，那么你的朋友将会遍布各地，办事则会顺畅无阻，如鱼得水。反之，如果缺乏与初交者打交道的勇气，不善于跟陌生人交谈，那么你就会在交际中处处碰壁，做事也会时时不顺，如坐针毡，如登陡山。

我们与陌生人交谈时，内心多少都会有些不安，这就需要我们一定要自己先放下陌生人情结。当我们面对陌生人的时候不需要特意装模作样，不过也要表现出你的诚意。只有这样才能显出你的

大方和热情，而不至于扭捏作态，才会让对方觉得你是一个有良好的交际品质的人，从而愿意与你进一步交往。

3. 解读现场的气氛

自我介绍不可太过冗长，有时候只需要简短的一两句话，因为吸引别人的也许正是开篇的某个亮点。同时，我们在介绍自己的时候，要避免谈论会让人讨厌

的话题，不要一个人一直发表高见，也要学习倾听别人说话。解读现场的气氛，看准时机再发言。

4. 保持谦虚低调

刘珊的单位突然请来了一位资深顾问，这位顾问看似成熟，却令刘珊很不满。虽然是第一次见面，但这位顾问突然对刘珊说："我叫××，你有男朋友吗？一定没有吧？你看起来好严肃呀！"还一直问刘珊："喂，你叫什么来着？"

刘珊心想，就算比别人资深，也要顾好自己在别人眼里的第一印象吧！不仅对刘珊，单位其他同事也对这位资深顾问印象很差。

这位新来的顾问因为说话太过招摇，而让同事产生了不好的印象。和这位资深顾问不同的是，新来的李嫣的自我介绍就很好：

李嫣第一天上班，她的工作就是负责接电话，但是对方好像听不懂她在说些什么，她表现得很紧张，用手捂着话筒说："李姐，我是新来的小李，早上也没跟你介绍一下，真对不起。客人好像不懂我在说什么，我刚来对业务也不太熟，你能帮我跟他说说吗？"

原本还觉得新来的小姑娘不懂事的老职员李姐一下子怒意全无了，她心想：看她的样子虽然很可笑，不过如此认真的态度倒是让人颇有好感，让别人也乐意帮她，比一些不懂装懂而误事的人强多了。

自我介绍时除了突出自己的亮点，还是谦虚低调为好，免得让别人留下此人爱吹嘘的第一印象。

开场白是一门学问。开场白的每一句话都要说到对方心里去，散发出你的交际品质，消除对方的戒心，让对方觉得你是一个有个人风格的人，对你产生良好的印象。

三、恰当的寒暄，赢得陌生人的好感

作为社交手段，寒暄是必不可少的，它是交谈的润滑剂，能在两个陌生人的谈话之间架起一座友谊的桥梁。寒暄的基本作用是表明自己见到对方的喜悦，同时也表明自己的友好态度，以联络感情、保持友好的关系。因此，在交往中一般不能只从"信息"的意义上来理解寒暄用语。

寒暄语的运用就像一把打开话匣子的钥匙，寒暄是与陌生人交往时的前奏，它的"调子"定得如何，直接影响着整个交谈的过程。因此，对寒暄千万不可轻而视之。

寒暄语要根据条件、环境、对象以及双方见面时的感受来调整和选择，没有固定的模式，只要见面时让人感到自然、亲切，没有陌生感就行。那么，寒暄应注意些什么呢？

1. 客套话要自然、真诚

万事开头难，交谈开始前也离不开寒暄。寒暄是见面时以相互问候为内容的应酬谈话，属于非正式交谈，本身没有多少实际意义，主要功能是打破彼此陌生的界限，缩短双方的感情距离，创造和谐的气氛，以利于谈话正式话题的开始。说第一句话的原则应是：亲热、贴心、消除陌生感。

语言要得体，态度要真诚，客套话要运用得自然、妥帖、真诚，言必由衷，为彼此的交谈制造融洽气氛。应避免粗言俗语和过头的恭维话。

2. 寒暄语要根据不同人做出改变

在社交场合，男女有别，长幼有序，彼此熟悉的程度不同，寒暄时的口吻、用语、话题也应用的不同。一般来说，上司和下属、长者和晚辈之间交往，假如前者为主人，则最好能使对方感到主人平易近人；假如后者为主人，则最好能使对方感到主人对自己的仰慕和尊敬。

因此，在与人寒暄的时候，我们要根据对方的不同使用不同的寒暄语。

3．寒暄用语要恰到好处

根据大环境的不同，我们的寒暄用语也要合时宜。如西方小姐在听到别人赞美她"你很性感"会很高兴，并会礼貌地以"谢谢"作答。如果在中国小姐面前讲这样的话，对方就会觉得特别难以接受，并会认为你存有歹意。

同样，中国人过去见面喜欢用"你又发福了"作为恭维话，现在人们都想方设法减肥，再用它作为恭维话恐怕就不合适了。

4．寒暄语要看场合

寒暄语应该根据场合的改变而改变。拜访别人时要表现出谦和，不妨说一句"打扰您了"，接待来访时应表现出热情，可以说一句"欢迎"，庄重场合要注意分寸，一般场合则可以随便些。有的人不分场合、时间甚至在厕所见面也问人家"吃饭了没有"，这只会令人啼笑皆非。

寒暄是应有主动热情、诚实友善的态度，选择合适的方式、合适的话句是非常必要的，但这些合适的方式、语句的表示，还有赖于主动热情、诚实友善的态度。唯有把这三者有机地结合起来，才能达到寒暄的目的。试想，当别人用冷冰冰的态度对你说："我很高兴见到你"时，你会有一种什么样的感觉。当别人用不屑一顾的态度夸奖你"我发现你很精明能干"时，你又会做何感想？推己及人，所以我们寒暄时不能不注意态度问题。

与此同时，我们还要懂得适可而止，因势利导。做任何事情都有"度"，自然寒暄也不例外，恰当适度的寒暄有益于双方的交往。

四、搜寻共同话题，获得对方认可

在社交场合，每个人都免不了要和陌生人打交道。与陌生人的初次交谈是口语交际中的一大难关，让很多人"望而却步"，如果处理得好，可以一见如故，相见恨晚；如果四目相对、局促无言，不仅当时感觉尴尬，还会成为以后继续交往的障碍。

与陌生人初次交谈能否顺利，关键在于能否找到自己与陌生人之间的共同点。从共同点入手，往往使谈话更加顺利、愉快。

寻找共同点，首先要善于观察对方的服饰、谈吐、行为举止等方面，从中捕获信息。

在广州的某百货商店里，一位在南海舰队服役的士兵对服务员说："请你把那个东西拿给我看看。"还把"我"说成地道的苏北土语。

这时，正好另一位顾客也是苏北人，在广州某陆军部队服役，听了之前那位士兵的这句话，也用手指着货架上的某一商品，并对营业员说了一句相同的话。

渗透着苏北乡土气息的两句话，使这两位陌生人相视一笑。他们买完东西，出了店门后，就一起谈了起来。他们从老家问到部队，从眼下的境况聊到几年来走过的路，说着将来的打算。

身在异乡的两个老乡的亲热劲，不知情的人怎么也不会相信是因为揣摩对方的一句家乡话而彼此熟识的。可见，细心揣摩对方的谈话，确实可以帮你找出双方的共同点，使陌生的路人熟识起来，甚至可以发展成为朋友。

如果不能从对方的外在看出什么"蛛丝马迹"，不妨直接以话试探。陌生人在一起时，要想打破沉默的局面，开口讲话最为重要。可以主动询问对方的籍贯、工作、兴趣爱好。

发现自己与陌生人的共同点是不太难的，随着交谈内容的深入，共同点会越来越多。为了使交谈更有益于对方，必须一步步地挖掘深层次的共同点。

陌生人之间寻找共同点的方法有很多，比如，共同的生活环境、共同的工作任务、共同的追求方向、共同的生活习惯等，只要仔细观察就会发现，陌生人之间无话可讲的局面是可以打破的。

我们必须有一个同陌生人交谈的愿望。使自己乐于同陌生人交谈，这是解决好同陌生人交谈这一难题的关键。许多人对参加有陌生人在场的谈话，都有一种畏怯心理，有的人甚至见了陌生人一言不发，这其实是不明智的。只要我们稍稍回忆一下，同我们最熟悉的老朋友，当我们刚刚开始认识时，不都是陌生的吗？如果拒绝同一切陌生者谈话，我们怎么会有自己的朋友呢？轻易放弃一切结交新朋友的机会，有时会使我们终生遗憾。

那么，在与陌生人相处的时候，怎么找话题呢？

1. 中心开花

面对众多的陌生人，要选择众人关心的事件为话题，把话题对准大家的兴奋中心。这类话题是大家想谈、爱谈，又能谈的，人人有话，自然能说个不停了，以至于引起许多人的议论和发言，导致"语花"飞溅。

2. 即兴引入

巧妙地借用彼时、彼地、彼人的某些材料为题，借此引发交谈。有人善于借助对方的姓名、籍贯、年龄、服饰、居室等，即兴引出话题，常常取得好的效果。"即兴引入"法的优点是灵活自然、就地取材，其关键是要思维敏捷，能做由此及彼的联想。

3. 投石问路

向河水中央投块石子，探明深浅再前进，就能有把握地过河；与陌生人交谈，先提一些"投石"式的问题，在略有了解后再有目的地交谈，便能谈得更为自如。如聚会时见到陌生的邻座，便可先"投石"询问："你和主人是老乡还是同学？"无论问话的前半句对，还是后半句对，都可循着对的一方面交谈下去；如果问得不对，对方回答说是"老同事"，那也可谈下去。

4. 寻趣入题

问陌生人的兴趣，循趣发问，能顺利地进入话题。如对方喜爱象棋，便可以顺着这个话题，谈下棋的情趣，车、马、炮的运用等。如果你对下棋略懂一二，那肯定谈得投机。如果你对下棋不太了解，那就把这当成学习的机会，可静心倾听，适时提问，借此大开眼界。

引发话题方法很多，诸如"借事生题"法、"即景出题"法、"由情入题法"等。可巧妙地由某事、某景、某种情感，引发一番议论。引发话题，类似"抽线头"、"插路标"，重点在引，目的在倒出对方的话茬儿。

5. 适时切入

看准情势，不放过应当说话的机会，适时插入交谈，适时地"自我表现"，能让对方充分了解自己。

交谈是双边活动，光了解对方，不让对方了解自己同样难以深谈。陌生人如能从你"切入"式的谈话中获取教益，双方会更亲近。适时切入，能把你的知识主动有效地呈现给对方，符合"互补"原则，奠定了"情投意合"的基础。

6. 借用媒介

寻找自己与陌生人之间的媒介物，借此找出共同语言，缩短双方之间的距离。如见一位陌生人手里拿着一件东西，可问："这是什么？……看来你在这方面一定是个行家。正巧我有个问题想向你请教。"对别人的一切显出浓厚兴趣，通过媒介物引发他们表露自我，交谈也会顺利进行。

五、一见如故，让陌生人相见恨晚

我们每天都在接触不同的陌生人，可是谁又知道怎么接触陌生人呢？怎样才能让陌生人对自己印象深刻呢？其实有关这个问题的方法有很多，需要注意的要点也有很多。

交谈之前都要有一个前奏，然后引出自己的内容。要知道，准备工作比什么都重要。我们可以将搭讪看作一幢大厦，坚实的地基必不可少，有了坚实的地基，筑起的感情大厦才会坚不可摧。

陌生人相见时，陌生感很强烈，并且没有过多的交流，所以，怎么让陌生人对自己产生相见恨晚的感觉就成了关键问题。

我有一次出差时，在火车上，亲眼目睹了一场搭讪活剧。一个先我上车的陌生人悠闲地欣赏外边的风景，随后上来一个人坐在了他的旁边，放下旅行包，边喝水边同旁边的先生聊起来，看他欣赏外边的风景，便问："师傅不是本地人啊？"

"噢，我是山东枣庄人！""啊，枣庄是个好地方啊！我在读小学时就从连环画《铁道游击队》里知道了。三年前我还去了一趟枣庄呢。"

听了这话，那位枣庄客人马上来了兴趣，二人从枣庄和铁道游击队谈开了，那热乎劲儿，不知底细的人恐怕会以为他们是一道来的呢。

接着他们互赠名片，一起进餐，睡觉前双方居然还在各自带来的合同上签了字：枣庄客人订了苏南某人造革厂的一批风桶，苏南客人从枣庄客人那里弄到一批价格比较合理的议价煤。

他们的相识、交谈与成功，就在于他们找到了对"枣庄"、"铁道游击队"这个都熟悉的共同点。那么，怎样才能让陌生人相见恨晚呢？

1. 要回答别人的问题，而且要有响应

面对陌生人交谈时，为了松弛紧张的气氛，必须努力制造亲切的感觉。如果人家问你问题，不要简单回答"是"或"不是"，也要回问对方，让话题能够继续下去。

2. 摆脱陌生人情结

面对陌生人不需要特意装模作样，不过也要表现出你的诚意。其实每个人跟陌生人交谈时内心都会不安，一定要自己先放下陌生人情结。

3. 解读现场的气氛与对方的心态

要避免谈论会让人讨厌的话题，不要你一个人一直发表高见，也要学会倾听别人说话。解读现场的气氛，看准时机再发言。

4. 绝对还有挽回的余地

就算对方的反应不是很热络，也不必感到沮丧。我们本来就不可能讨每个人欢心，不过一定还有挽回的机会，你的态度要乐观起来。

六、独家招数共分享，教你炒热气氛

职场人际交往中，往往要面对很多陌生人，你会不会感觉不自在，或者会有些许的尴尬？你是不是很想逃避呢？逃避不能解决问题，下面，让我们一起来正视这个问题吧，教你一些技巧，让你在交际中活跃气氛，远离尴尬！

（1）刚入职场，遇到很多陌生的同事，有时间闲聊的时候可以谈论那些你们了解并且有相同之处的话题。比如，共同的朋友、老板、家乡等。

（2）可以多谈论一些有关生活、工作、爱好和流行文化的话题。如此，可以促进你对公司的了解，紧跟时事将会为你提供很好的聊天素材。以"你认为……怎么样？""你可听说……了？""关于……你的观点是怎样的？"等，避开那些负面的或者有争议的话题，对于那些冗长的故事也应敬而远之。

（3）要学会察言观色，如果你注意到别人对自己所说的话题感到厌烦的话，停止这个话题，了解状况，然后继续下一个话题。

（4）新近的员工，千万别忘了多倾听，少说话。给人一种勤恳工作的积极印象。

（5）与那些素未谋面的人聊天时，不要过多谈论你的往事。可以随便谈谈你身边的时事，例如，当时响起的有趣的背景音乐或是酒吧里供应的美味马丁尼鸡尾酒。

（6）较长的停顿时间是谈论那些有趣的历史逸事的最佳时机。相比那尴尬的沉默，大多数人会更乐意听你侃侃而谈。

（7）注意你的肢体语言。看上去不怎么会放松的人会使人觉得不舒服。表现得自信、愉快一些，即使事实上你并不这样认为。

（8）允许陌生人打断你的说话。他们这样做并不是失礼，而是在帮你。让他们说，并等待时机继续你的故事。他们打断你的谈话也是一个他们确实在倾听你说话的最好标志。

（9）如果以上这些办法都没能奏效，那就谈论天气吧，这往往会使人活跃起来。

（10）准备几个离开的理由。如此，在要告辞的时候，你大可落落大方地离开。例如，"我得和站在那里的那位客户打个招呼，""我没吃午餐，看来我得快点去填一下肚子了"等。只要你避开那些私人的、政治的，或是首次提及就会产生争议的话题，并且了解应该问什么问题，你就能像社交名流那样与人交流。

如果你想在生活中给别人一个好的印象，就应该巧用精彩的语言活跃气氛，在社交场合更是这样。

第三章

CHAPTER 03

把握时机和分寸，
做个说话滴水不漏的优雅女人

　　在人际交往中，说话的技巧非常重要。人们常说："敲鼓敲在点子上"，说话亦是如此。作为一个会说话的女人，尤其要明白说话要把握时机和分寸的道理。凡事给自己留点余地，为他人留点面子。只要掌握了说话技巧，会给你带来终身受益的好处。

一、不会插话的女人只会讨人厌

在一些"谈话"栏目中，我们经常会看到主持人与嘉宾上演"喧宾夺主"大战。主持人有时未等嘉宾把一个话题讲完，就迫不及待地插上一句，打断其思路，致使嘉宾精彩的发言戛然而止，不得不硬着头皮去接主持人的话茬儿。

生活中，也有这样的女人，在别人说话的时候，总会不失时宜地在别人说话时插话，要么打断别人的谈话，要么让说话者中途停下来聆听她的"高见"。本来一句很精彩的话，如果被人打断后再接起来说，原来的精彩自然会大打折扣。这种女人的插话，在很大程度上影响了交流的正常进行。

不要无端地打断别人的谈话，需要插话也要学会适时地插话。别人谈兴正浓的时候插嘴是一种冒犯。若不是鲁莽，便是对别人讲话不耐烦。

每个人都喜欢别人从头到尾安静地听自己把话说完，以便借此展示自己的价值。

因此，如果别人是谈话的主角，我们最好洗耳恭听。一个聪明的女人在与他人交谈时，即便对方长篇大论说个不休，她也不会随意插话。

某公司部门经理杨华正在与客户谈生意，另一个部门经理过来了，马上就打断了他们的谈话，说："我刚刚做了一件大事……"见这位同事说得眉飞色舞，杨华赶紧示意他不要再说了，可他好像没听见一样，依旧说得津津有味。客户见状，觉得谈生意的话题全被打乱了，于是就对杨华说："你们闲谈吧，我们改天再聊。"说完便离开了。那位部门经理搅了一大笔生意，让杨华十分恼火。

之所以会造成这样的结果，主要是因为那位部门经理没能掌握插话技巧。随便打断别人的谈话，是一种对他人不尊重的行为，而且这样的插话也会让别人很没面子。

在与人交谈时，一定要掌握插话的时机，避免使说话者欲言又止，产生反感。聪明的女人，在听别人说话时，往往懂得把握插话的分寸和时机。当别人说话时，不管是盯着对方一言不发，还是不停地打断对方插话，都是不好的行为。正确的做法是在适当的时候做出恰当的反应。

在与别人交谈时，把握好插话的时机非常重要。如果在他人说话时，你不小心听漏了一两句，也千万别在对方说话途中突然提出问题，必须等到他把话说完，再提出："很抱歉！刚才中间有一两句你说的是……吗？"如果对方正在说话你就打断，会使对方有一种受到命令或指示的感觉，这样对方对你的印象就会大打折扣。

当别人谈兴正浓，而你想加入谈话时，不要突兀地打断，说："喂，你们正在谈什么呢？"这样很容易引起别人的不快。要尽可能找个恰当机会，礼貌地说："对不起，我可以加入你们吗？"或者大方地、客气地打招呼，叫你的朋友介绍一下，就能很自然地进入谈话行列。

一个聪明女人如何插话才能有助于达到最佳的交际效果呢？一般有以下几种方法：

1.安慰式插话

当对方在同你讲事情时，可能会担心你不感兴趣，而面露难色，或者犹豫不决，这时你可以适时说一句安慰的话。比如，"你能谈谈那件事情吗？我十分想了解"或者"请你继续说"。

这些话将向对方表明：我很愿意听你诉说。这样插话可以消除说话者的顾虑，让他更有自信表达自己的观点和想法。

2. 疏导式插话

有时说话者会因为心情不好等原因，在交谈时不能控制自己，这时可以说些话来疏导对方。比如，"我明白，你现在心里肯定不太舒服"。

你这样说之后，对方可能会发泄一番，感情好坏都不足为奇。因为这些话的目的就是把对方心中郁结的一股异常情感"诱导"出来，对方发泄一番后，会感到轻松、解脱，从而能够从容地完成对问题的叙述。

但是需要注意，不要陷入盲目安慰的误区。我们不应该对他人的话做判断或评价，说一些诸如"你是对的"、"他不应该这样"之类的片面语。我们的责任是顺应对方的情绪，为他疏通感情，而不应该"火上浇油"，使他的抑郁情绪进一步加强。

3. 推测式插话

当对方在叙述时迫切地想让你理解他的谈话内容时，你可以用一两句来推测对方话中的含义。比如，"你的想法是……"或者"你想说的是这个意思吧……"。

这样既能及时地验证你对对方谈话内容的理解程度，加深对其的印象，又能让对方感受到你的诚意，并能帮助你随时纠正理解中的偏差。

好的插话能起到事半功倍的效果，不适当的插话则使事情变得糟糕。因此，要想成为一个受人尊敬、被人喜欢的女人，一定要掌握好插话的技巧。

二、做个有理也饶人的智慧女人

生活中，有些女人总喜欢争辩，得理不饶人，甚至无理也要强辩三分。事实上，与朋友相处，如果你总是推翻别人的观点，也许当时你赢了，但最终你还是输了，你输了友情。因此，我们要学会接受他人的观点，不要得理不饶人。

其实，我们每个人都渴望得到别人的认可，如果你常常与朋友争论，朋友可能会觉得你不认可他，使他敬而远之。好辩的女人总是认为讲道理可以说服对方，根本无视对方的感情，只是一味地发表自己的意见，结果让人反感。

张凡是中文系毕业，一次去参加同学婚礼，席间新郎的朋友用"青梅竹马"来形容新人的关系。为了显示自己的博学，他还念道："郎骑竹马来，绕床弄青梅。"诗本身没错，但他却错说成是宋代女词人李清照写的。

张凡看到此人将作者说错，便毫不客气地当着众人的面，纠正说作者是李白。结果两人各持己见，谁都不肯承认自己说错了。恰好他们的大学老师也来参加学生的婚礼，张凡便请老师评理。

出乎意料的是，老师竟然说张凡是错的。张凡为此感到非常没面子，也肯定自己并没有说错。

回去的时候，老师温和地对她说："其实你说的是对的，但你的做法却不得当。今天，我们都是客人，何必在那种场合给人难堪？他并未征求你的意见，只是发表自己的看法，对错根本与你无关，你与他争辩一点好处也没有。"

正如这位老师所说的这样，永远不要与人进行无意义的争辩，那只会引起别人的反感。如果你与人争辩，只是为了证明自己是对的，赢得听众的信服，那么你的行为太自私了，你不顾虑别人的感受是不会受到别人欢迎的。

林肯曾说过："凡是成功之人必不偏执于个人成见。与其争路而被狗咬，毋宁让路于狗。因为即使将狗杀死，也不能治好被咬的伤口。"

生活中，每个人都会遇到相异于自己的人。如果每次都因为一点小事与人争辩得脸红脖子粗，甚至大动干戈，这样反而对自己不好，也许争辩过后你自己也总是后悔。

因此，当你意识到自己的想法、意见与人相左时，当你的言行遭人非议时，为了避免无益的争辩，不妨冷静思考一下：我到底要什么呢？一个是毫无意义的表面胜利，一个是对方的好感。

给他人留一点余地，不但不会吃亏，反而会有意想不到的惊喜和感动。每个人的价值观、生活背景都不同，所以有分歧在所难免。有些人一有争执，便会斗争到底。一方面为了面子，一方面为了利益，因此一得了"理"便不饶人，非逼得对方鸣金收兵或投降不可。

然而，"得理不饶人"虽然让你吹响了胜利的号角，但这也是下一次争斗的前奏。因为对方虽然"战败"了，但为了面子或利益他自然也要"讨"回来。

总而言之，我们在与人交往时，要学会心平气和，尽量减少与人争辩，做一个懂理也饶人的聪明女人。

三、话说八分满，莫招他人嫌

是不是跟别人说话一定要信誓旦旦，把话说得太满呢？其实不然，做人要学会给自己留余地，说话也一样，祸从口出，因此在说话之前先想好再开口，有些话留在心里比说出来要好。

说话不留余地等于不留退路，所以不要把话说得太满。说话要在适度和完美之间找到平衡，做到收放自如，才能不让他人反感。

顾云是一名广告策划，还在试用期。她对自己"转正"很有信心：一方面自己思维活跃创意很多；另一方面自己文笔不错。而且她也看得出，老板对自己这两方面的才能还是挺满意的。

一次老板带她去见客户。客户说，他们想开发一个新化妆品牌，顾云马上说："目前化妆品市场都被做滥了，小打小闹的没啥做头。"见客户面露不悦，她又马上转口说："当然，如果您有足够的资金实力，也可以……"客户没理她，直接对她老板说："如果由她来做这个策划，我看我们没必要谈下去了。"

顾云正是把话说绝了，才陷入了不利的境地。如果她说话能够多思考，说话留有余地，对方也不会直接判她出局。因此，我们说话时，要留点空间，给自己留下转身的余地。

口才也好、思维能力也罢，轻浮，尤其是不分场合的口不择言，往往真的是祸从口出。何时展现才华、何时谨言慎行，学会藏拙才是处世之道。所谓态度决定一切，言谈举止中，我们可以看清楚他人的为人，也可以被他人看得清清楚楚。不要把"聪明"两个字刻在脑门上，那会很傻。不要一开始就把自己的底牌铺排在桌面上唯恐人家看不到。

琳达是一名销售员，在她看来，做销售就是靠一张嘴吃饭的，能说会道是一项优势。她是个很能说的人，不管在什么场合和什么人，她都能胡吹海侃一通。有她在的场合，永远不会冷场，因为她太爱说话了。

有一次因为一笔订单出了问题，销售部召开紧急会议商量解决办法。经理刚说完"请大家积极发言"，琳达就举手了。不等经理点名，她就自顾自说开了。接下来的十几分钟里，她都在不停地说，经理几次暗示她，让她"简明扼要说出解决办法就行"，旁边的同事提醒她"跑题了"，可她置若罔闻，依然在那唾沫横飞地大谈"责任心"之类的问题……经理最后忍无可忍直接打断了她："如果你没什么建设性的意见，就把时间留给其他人吧！"场面十分尴尬。

无论在艺术作品的鉴赏中还是在日常交往的过程中，"简单最美"。深思熟虑简明扼要切中主题的谈话，既不浪费他人的时间，也不耗费自己的生命。

想想那些流传甚广的经典广告语和各种口号吧：just do it；滴滴香浓、意犹未尽；诺基亚以人为本……在信息的传播过程中，冗长的叙述只会被遗忘，简洁的表达才会令人印象深刻。

在办公室说话就要讲究分寸，男人不爱听嗲声，女人不爱听脏话，这叫萝卜白菜各有所爱。男人要收起满口脏话，起码是对女人的尊重；女人要收起嗲声，这是对自己的尊重。否则，满办公室脏话嗲语，你还想不想工作了？

有句古话叫"过犹不及"，就是说做得太过不如不做。如果把话说得太满，反而会让人讨厌。

四、适当"留白"，给他人表达的机会

书画艺术中的留白，给人带来了无限的遐想空间，大大增加了书画本身表达的余韵。谈话中也要注意"留白"的艺术。

我认识一个女孩楚楚，每次见面，她就像喝了会说话的酒，似乎没有终结的意思，她始终是谈话主角，让人没有插话的余地，听者往往并不买账，还送了她一个绰号"话篓子"。其实，言语如江水滔滔并非口才好，有时，反而会让人产生反感。所以，有时候，适当的留白——缄默、停顿、间隔、欲言又止等——是很有必要的，甚至能收到"以少胜多、以无胜有"之效。

赵芳所在的公司就"培育人才"的问题召开了管理员会议，会议一开始，赵芳就发表了自己的观点："我认为，我们公司的整个培训体系形同虚设，根本没有发挥人才培训的作用，虽然新进职员都会进行工作前训练，但效果甚微，所以我建议成立一个专门供职员进修的训练机构，不知大家觉得如何？"

总经理听后，拒绝道："我们已经有职员训练了，没有必要。"

但赵芳再次表示："现在的训练是否发挥了实际作用？实际上，员工根本没有从中受益，因为没能掌握好技术屡次出错，让员工越干越灰心，我还是觉得有必要。"

"赵芳，你一定要和我唱反调吗？好，会议结束后再议吧！"一个月后，公司再次就此召开会议，这次总经理首先发言："这个月我对公司进行了调查，结果发现职员培训竟未能发挥任何功效。所以，我要先向赵芳道歉。看看大家有没有好的解决方案。"

随后，大家开始七嘴八舌地提出意见，但赵芳却始终一语不发地坐在原位。会后，经理找她谈话，她说："上次会上我把该说的都说了，其实就是想引起总经理你对这个问题的重视罢了。现在目的达到了，我又何必再说一次？总要给同事们表达的机会啊。"

所以，说话时的沉默不是真空，也不是一言不发的"闷葫芦"，留白之中，蕴含着丰富的潜台词。巧妙运用，能让你的语言锦上添花。

细心的女人一定会发现，生活中那些成熟稳健的长者，讲话都很抑扬顿挫，同时也都慢吞吞的。这些人说话，都会不时地留下一些空当。当他们提到妈妈养育小孩的辛苦时，一定会停顿一下，因为要让你有空当回想一下自己的妈妈；然后你会感觉像在跟他们聊天一样，自己就在心里默默点着头，默默说着："是啊……是啊……"

"喋喋不休"和"口才好"，完全是两回事。与一个沉默寡言的人共处1小时，会很沉闷；但与一个喋喋不休的人共处10分钟，你会感觉生不如死。说话像机关枪而且很得意的人，也许可以试着改用比较古老的兵器：拉弓→放箭，拉弓→放箭。留一点空当，让听的人消化，只要你的话值得一听，不用担心，对方一样会见识到你的威力。

于 美人正是认识到了这两点的区别，才成就了今天的美名。

在台湾演艺圈中，于美人亲切热诚、妙语如珠，和观众几乎没有距离。

从台北市南阳街补习班国文老师出身，再到绿色和平电台担任广播主持人，最后被挖掘进入电视圈。一路看似平步青云，不过她在《于美人黄金说话课》一书中坦承，她从小就喜欢说话，不过"喜欢说话"和"擅长说话"毕竟是两回事，她也是经历过许多次的跌跌撞撞和吃了几次亏后，才学会更多谈话秘诀的。

例如，刚踏入电视圈，于美人一直认为电视台付钱请她来当主持人，就是希望她多说话。但这样的迷思，却被和她一起主持"名人三温暖"节目的赵树海打破了。

赵树海提醒她，想把节目做得长久，就要让来宾多发挥。于美人这才戒除"自说自话"的毛病。她也从赵树海身上学到，在话语之间创造"留白"更能迅速酝酿来宾情绪。

伶牙俐齿的姐妹需要注意了，谈话时"用墨"太多，连珠炮一样轰炸别人的头脑，语言再漂亮也徒然惹人厌烦；给谈话留个空白，给别人一个缓冲，让语速有一个自然调整的节奏，交谈才能在一种默契中缓缓流淌。

五、绵里藏针，解决无谓争执

在生活中，我们自然希望人与人之间能以礼相待、友好相处，但社会上的人形形色色，有温厚善良、安分守己的，就有骄横无礼、自私狭隘的，即使我们想与人相安无事，也难保不会有事找上门来。

面对那些无故挑起事端的人，我们多半会怒上心头。但轻易地发怒是不成熟的表现，会使我们看起来很失态，而且这样做也不一定能解决争执，反而可能让事态向更严重的方向发展。

在遇到不礼貌的人时，我们要保持头脑冷静，不要被他轻易地点燃怒火。面对挑衅的言语，我们要学会控制自己的情绪，机智而有风度地解决问题。而控制情绪的最好方法就是掌握一些应对技巧。绵里藏针就是一种很有效的反击方法。

在机场售票厅里，许多旅客正在排队购买机票。突然，一个衣着笔挺的人，穿过人群挤到最前面，粗暴地指责售票员效率太低，耽误了他的

时间，要求售票员为他优先办理。

售票员微笑着应答："十分抱歉，先生，我们会尽量节省时间，请您排队等候。"听到售票员拒绝了自己的要求，他顿时火冒三丈，厉声喝道："你们知道我是谁吗？"

售票员依旧微笑应对，对房间里别的工作人员说："这位先生好像有些健忘，您是已经不知道自己是谁了吗？"然后，她又故意向后面排队的旅客问道："请问有人认识这位先生吗？能不能帮助回忆一下，他已经忘了自己是谁了。"

这句话引起人们的一片哄笑。笑声中，那位绅士羞得满脸通红，只得狼狈地回到队伍后面，依次排队。

绵里藏针，用一句明白易懂的话说，就是软中带硬。软就是说话时的语气和态度都比较和缓；硬就是其中表达的内容有比较强硬的成分。这样的应对会使对方自讨没趣，觉得你不可轻欺。

在个人交际中，遇到挑衅时，不要被他的三言两语激怒了。让坏情绪影响工作和身体是不明智的，也是不值得的。当感觉到对方带有攻击性，或者向己方施压时，可以用一个软钉子把它顶回去，让对方有所顾忌，不敢轻举妄动。

社会上的交往总是纷繁复杂的，意料不到的事经常发生，总会有些人斗志高昂地向我们发起挑战，给我们正常的生活造成各种困难。作为一个在社会中行走的人，无论对方的嘴脸多么让你反感，你也应该努力保持自己的良好交际形象。

巧妙地利用一些技巧，轻松为自己解围，才是聪明的选择。小到市井纠纷，大到国际争端，我们掌握一点绵里藏针的说话技巧，都能避免很多无谓的争执，为自己和集体带来便利。

六、敲响借来的锣，借题发挥巧谏人

聪明的女人总是不放过一切机会宣传自己的观点，并注意扩大其影响。这种机会就包括对方提出的理论或观点，如对方未阐发、证明或论证不合理，我们可接过话头趁机加以发挥，来论证自己的观点和主张。这样能够使我们牢牢掌握话语的主动权，把话题巧妙地引入预先构想的范围之中，再达到自己的目的。这就是敲响别人的锣，借题发挥法。

借题发挥常借其人之道，还治其人之身。以对方所讲的道理或所用的方法来还击他，能产生有力的反驳和揭露的作用。

伊凡刚刚当教师的时候，她们班有个非常调皮的男生，总是在她上课的时候故意捣乱。一次讲课时，这个男生突然学起了公鸡的啼叫声，顿时，引起课堂里哄堂大笑。

伊凡虽然很想发火，但觉得这并不是明智的做法。当时，伊凡不动声色地看一看自己的手表，接着说："我的这只表误时了，没想到现在已是凌晨。不过，同学们请相信我的话，公鸡报晓是动物的一种本能。"

课堂里顿时响起一阵喝彩声。以后，那个调皮的男同学再也不敢作怪了。

敲响借来的锣，借题发挥能够帮助我们解决如下问题：一是以讥讽对讥讽；二是揭露论敌的无知；三是变被动为主动，反守为攻。

借题发挥，可借用对方的话题，做合乎逻辑的发挥，达到反击对方的目的，促使局势的转换，以实现既定的意图。借题发挥的关键在于一个"借"字。因为所借之题是对方提供的，能否借为己用，反映出的是一个人的思辨能力。

运用借题发挥技巧时应注意以下几点：

（1）要正确分析对方的"题"，这是"发挥"的基础。

（2）要处理好借来的"题"与"发挥"的关系，它们之间要有必然的联系。

（3）"发挥"是对借来的"题"充分展开联想，既要从横向上发展，又要从纵向上发展。

（4）运用借题发挥法时，要求头脑机敏，反应灵活，善于联想，善于寻找契机，善于选择表达的言辞。

借题发挥是人们常用的一种表达的切入方式，其好处是说理性强，常常起到绝妙的说服作用。聪明女人运用借题发挥法，要"借"得自然，即借言和真正表达的事理具有合理性。此外，所做的引申发挥要恰如其分，不要牵强附会。

七、做个会打腹稿的女人，职场最忌随口而出

人在职场，经历的事情多了后，我们慢慢体会到什么叫"言多必失"，什么叫拿捏"分寸"。因此，在说话之前我们一定要打好腹稿，学会三思而后说。

近年，韩国某个女星频频涉足中国娱乐圈，她凭借自己甜美可人的形象赢得了不少中国粉丝的喜爱。但她却在韩国一档叫作"强心脏"的以娱乐为主的脱口秀节目中"大放厥词"，称"每次制作费紧张就去中国演出"，这番言论立即在中国粉丝中引起一片哗然。不少愤怒的网友认为，这位女星把中国市场当成圈钱的地方，大大伤害了粉丝的感情，并强烈要求封杀她。

人在职场，面对错综复杂的人际关系，要学会在说话之前考虑对方的感受。如果总是不假思索按照自己的意愿说话，有时候难免会伤害别人。要对他人多一点尊重，多一份关怀和理解，让语言更加婉转和柔和，让人际交往更通畅。这样同事才能快乐地与你交往，愿意和你成为朋友。

常听到这样的说法，说身边的同事都是戴着"面具"生活，都很"假"，大家都不愿意将自己的真实想法轻易示人。在这样的大环境下，当年少不更事的我

们，当年心直口快的我们，也慢慢被打磨得能更有城府地待人处事了，也开始崇尚"沉默是金"。

也许有些"愣头青""直肠子"在初入职场时，仍然保有自己的青春本色，率性直言，对谁都直言不讳，他们认为这样才能在更大程度上体现自己的"真诚"与"坦荡"。殊不知，从某个角度来说，这恰恰是心智不成熟的一种表现。

说了不该说的话，有可能弄巧成拙，或被少数"有心"的人利用，惹祸上身，哑巴吃黄连，成为替罪羊，从而不利自己的职场发展。

说话前要打好腹稿，不要说一些没有整体目的的话。不要争着说话，要用心聆听并练习运用非语言的沟通技巧如点头、微笑等，预备一些无限制的问题，好让聆听者有机会发言。尽量减少空谈，让别人都把话谈完再发言。

在办公室里与同事交往离不开语言，但是你会不会说话呢？俗话说"一句话说得让人跳，一句话说得让人笑"，同样的目的，但表达方式不同，造成的后果大不一样。

办公室是一个是非之地，有时不经意的一句话就可能引来一场是非之祸。因此，在职场中说话要讲究技巧，不该说的不说，该说的说，说之前也要打好腹稿再开口。

八、女人会打圆场，职场更有气场

职场中难免会出现场面"不圆"的状况，或尴尬难堪，或剑拔弩张，这时就需要说圆场话，运用高超说话技巧化解紧张气氛。聪明的女人明白，帮别人"打圆场"，就是为自己赚"人情"。她们总是不失时机地为别人扶危解困，也为自己赢得更多的友谊。

圆场之"圆"没有一成不变的技术，圆场之"场"也无特定无疑的情形，究竟怎样做好要视当时的具体情境而定。总之，圆场需要有心人，更需要适应性强的有心人。

　　不过，在打圆场时也要注意一个问题，就是不偏不倚，要让双方都觉得你没有任何的偏向。否则，你的圆场恐怕就是火上浇油，还不如不说。

　　张韵是一家馄饨馆的老板。一次，一位中年妇女等了半天才占上位置，要了一份自己爱吃的馄饨。很快馄饨就端了上来，她想先尝一口汤。可是，汤的味道刺激了她的呼吸道，随着"啊嚏"一声，她的唾沫和汤同时喷在了对面一位顾客的身上和碗里。这可惹火了这位顾客，他"呼"地一下站了起来吼道："你怎么乱打喷嚏！"

　　中年妇女也被自己的不雅之举惊呆了，赶紧向对方赔礼道歉。待自己缓过神来后，马上对着老板张韵喊道："我告诉你不要放辣椒的，你干吗在里边放辣椒？你赔我的饭钱，我还要赔人家的饭钱呢！"张韵马上问伙计，伙计也很委屈，他明明就没有放辣椒。

　　结果顾客、张韵及周围的群众都开始七嘴八舌，闹得沸沸扬扬。最后张韵感到这不是个事，就赶紧打圆场，对着厨房大手一挥："算啦！再下两碗馄饨，钞票都免啦，只要大家和气，才能生财嘛！"

　　两位顾客这才平静下来表示接受。此后，他们还和张韵成为朋友。有时候，当双方都挺尴尬之时，如果你从旁边巧妙地为双方打个圆场，那么凝滞的气氛就会变得轻松。

　　有些时候，争执双方的观点明显不一致时，就不能"和稀泥"了。如果你能巧妙地将双方的分歧点分解为事物的两个方面，让分歧在各自的方面都显得正确，这必定是一个上策。

　　实际上，女人在聊天争论中，需要灵活应变地打圆场的事往往很多。有时要为自己的过失打圆场、有时要为同事的过失打圆场、有时要为他人的争吵打圆场。做好了，谁都好；做不好，不仅不能息事宁人，还可能火上浇油，扩大事态。

所以女人在打圆场时，作为圆场之人一定要用理解的心情，找出尴尬者陷入僵局的原因，想出好的圆场办法，最终达到"你好我好大家好"，硝烟开头、和气收场的目的。

九、适时赞美，让你备受欢迎的细节

有位名人说过：赞美是美德的影子。赞美和欣赏别人，是一种气度，一种发现，一种理解，一种智慧，一种境界。放弃狭隘的眼光，走出孤芳自赏的怪圈，学会欣赏他人，表达赞美，你会感到生活绚烂如花。

受人赞扬，被人尊重能使人感受到生活的动力和做人的价值。赞扬能释放一个人身上的能量，调动一个人的积极性。世界上没有一个人不喜欢被人称赞，时时用使人悦服的方法赞美人，是博得人们好感的好方法。鉴于口才在现代社会的重要性，掌握一些常用的称赞别人的技巧，会让你备受欢迎。

1. 真诚地赞扬对方

尽管人人都喜欢听赞美的话，但不是任何赞美都能使对方高兴。能引起对方好感的只是那些基于事实、发自内心的赞美。相反，你若无根无据、虚情假意地赞美别人，他不仅会感到莫名其妙，更会觉得你油嘴滑舌、诡诈虚伪。

例如，把一位自知长相一般的女性夸成天仙，只会被她当成恶意的调侃。但是如果着眼于对方的服饰、言谈举止，发现她这些方面的出众之处并真诚地给予赞美，她一定会高兴地接受。

被称为"现实主义艺术大师"的屠格涅夫在打猎时无意间捡到一本皱巴巴的《现代人》杂志。他随手翻了几页，被一篇题目是《童年》的小说吸引。作者是一个初出茅庐的无名小辈，但屠格涅夫十分欣赏，钟爱有加。

经过四处打听，屠格涅夫最后得知，作者是一位由姑母一手抚养照顾长大的孩子。屠格涅夫找到了作者的姑母，表示了他对作者的欣赏与肯定。姑母很快就写信告诉侄儿："你的第一篇小说在瓦列里扬引起了很大的轰动，大名鼎鼎的《猎人笔记》的作者屠格涅夫逢人便称赞你。他说：'这位青年人如果能继续写下去，他的前途一定不可限量。'"

作者收到姑母的信后欣喜若狂。他本是因为生活的苦闷而信笔涂鸦打发心中的寂寥的，由于名家屠格涅夫的欣赏，竟一下子点燃了心中的火焰，找到了自信和人生的价值。于是他一发而不可收地写了下去，最终被屠格涅夫言中，成了具有世界声誉和世界意义的思想家和艺术家。

真诚的称赞是一种期望，一种动力。作为社会中的一员，我们都应该学会真诚地称赞别人。在与他人交往的过程中，真诚地赞美对方，会让你迅速获得对方的好感。

2. 借题发挥，赞美不突兀

赞美有时需要在一定的语境里发挥，赞美者要能抓住关键的"题眼"。当然，"题眼"可以是人，也可以是事。如果赞美的话能和当时的情况气氛相协调，就会让人默默地陶醉在赞美之词中。

借题发挥式的赞美有很多种，只要能找到恰当的"契合点"，就一定会让对方乐意接受你的赞美。借题发挥式的赞美主要是含蓄地表达赞美意向，从而不露痕迹地巧妙称赞对方，让对方在不知不觉之中潜移默化地受到融洽气氛的感染。

肖颖在公司非常受欢迎，她自称是一个爱"八卦"的女孩，对明星、星座都特别感兴趣。不过，也正是她这爱"八卦"的性格，让她在赞美别人时如同清风拂水，不留痕迹。

办公室里与肖颖对坐的同事杨颖的星座是射手座。午休时，同事们聊天，有时谈起射手座的明星，肖颖就顺便恭维她几句——"射手座就是热情似火，你看看小颖就知道，像个小太阳似的，有她在，咱们就能感受到阳光和温暖。"会计张妍的星座是天蝎座，看到她穿了漂亮衣服，肖颖说："这衣服正适合你，天蝎座的一大特点就是神秘，你现在就给人这种感觉。"

渐渐地，肖颖发现大家对她的"八卦"分析越来越感兴趣。肖颖想，每个人的心中都有一个花园，渴望着被浇灌，被欣赏，她愿意做这样一个浇灌者和欣赏者，哪怕这种方式有点"八卦"，那又何妨呢？

其实，我们内心都渴望被别人了解，而肖颖的行为正迎合了身边同事的这种心理，看似在谈明星、星座，实际上却让周围的人觉得她所谈论的事情与自己紧密相关，肖颖的话恰到好处地与同事的优点挂钩，更让人对她的"八卦"产生好感。同时，大家还会在肖颖那里感觉到一种被重视感，如此一来，对她产生喜爱之情就是自然而然的事了。

虽然借"八卦"表欣赏的确是个不错的做法，不过，一定不要本末倒置，要清晰地记住，大家真正感兴趣的是对自己的评价与描述，而不是八卦的内容。因此，要想让此招长久有效，还是需要拿出真正发现别人优点的热情和耐心来，这才能让对方感觉到你的诚意。

3. 具体而新颖的赞美

赞美是件好事，但并非是一件简单的事。遇见女人就夸"漂亮"，碰见男士就说"能干"，这些老套的赞美并不能引起他人特别的感受和注意力。

因此，要在赞美的技巧上下点功夫，找到别出心裁的赞美之词，让对方在瞬间对你产生好感。

称赞一个人时，与其称赞他最大的优点，不如发现他最不显眼，甚至连他自己也未曾发现的优点。因为他最大的优点已成为其性格中的一部分，在任何人看来都已是不足为奇的了。如果经常称赞一个人这样的优点，可能会让这个人产生反感。

相反，那些小小的优点，因为从未或很少有人发现，因此也就显得弥足珍贵。而你的发现与称赞为对方增添了一份对自己的认识，也增加了一次重新评估自己价值的机会。同时，你不同凡响的观察力还会获得对方的器重。

4. 令人信服的赞扬策略

真正的赞美是有根有据，能够令人信服的。要想让对方信任你，就不要撒谎，要说实话。如果对方哪怕只有一次对你的诚实表示怀疑，那么他就很难再完全接受你的称赞了。不过，只是诚实和真诚是不够的。

要让对方相信你称赞的真诚度，称赞时真诚地微笑和叫出对方的名字都是不错的办法。此外，做到以下几点，你的称赞会更加令人信服。

（1）循序渐进，开始的时候少点称赞的话，然后慢慢加大频率。

（2）开始的时候措辞相对谨慎一些。

（3）切忌一味赞赏，对无关大局的小事可以提出不同的意见。

（4）不要用对方对你的称赞去回赞对方。

（5）切忌将对方与别人相比较，表达称赞之意。

第四章
CHAPTER 04

言多必失，女人要管好自己的嘴巴

　　言多必失，要想做到说话有分寸，首先要管得住自己的嘴，话语不要太多。但偏偏有些女人非常"热心"，喜欢聊些八卦，说些没有根据的话，结果传来传去，就成了一把伤人的刀。

　　聪明的女人懂得有所言，有所不言。千万不要因为多言，让人给你定个"长舌妇"的骂名，这既辱没了你的人格素养，也会让朋友疏远你。

一、女人，不要轻易甩狠话

　　生活中，总是不乏这样的女人，她们喜欢直言直语，看问题只看到表面现象，也只在意自己的不吐不快，而没有设身处地地去想想别人的立场、观点、性格能否接受等问题。但她们的这些狠话，不仅没能让自己生活得更好，反而让自己和他人的心中增添了许多伤口。

　　文婧是个热心肠的姑娘，但总是心直口快，想怎么说就怎么说，从不顾虑别人的感受。一天，她和比较要好的同事去健身房打网球，对方是初学，球技自然不好。出于好心，她便当教练教对方。打球的过程中，她一会说人家"真差劲"，一会说"你这人看起来挺聪明的，怎么这么笨"。

　　开始的时候，同事一直忍着没开口，最后实在觉得过分了就对文婧说："你说话能不能客气点。"文婧觉得自己是出于好心，听同事这么说，也有点儿生气，"你笨就笨呗，还不让人说了，真是的。"这下同事更加生气，转身就走了，两人因此弄得十分不愉快。

　　说者无心，听者有意。有时你觉得只是随口一说，但也许会对他人造成非常严重的影响，它可能会伤及他人的自尊或让人感到过分自卑。因此，一个聪明的女人学会运用自己的智慧，合理地处理人际关系是保持自己人格魅力的必备条件。

　　有时太直接的话语会让人难以接受，如果委婉一点也许就不会让双方感到尴尬了。所以说，会说话的女人说出的话就像奶茶，让人感觉甜甜的、暖暖的，而不会说话的女人说出来的话就是一把伤人的刀，刺得人心里流血。

因此，在复杂多变的社交网络中，我们一定要多留意自己的口舌，不要为逞一时的口舌之快，甩狠话而伤人伤己。

二、别在失意的人面前炫耀自己

生活中，总有一些女人喜欢在他人面前炫耀自己的得意之事，以为这样就会让朋友高看自己，使他人敬佩自己。可是，他并没有想过朋友愿不愿意听她的这些得意之事。自我炫耀的结果，反而是让别人讨厌她。

当你得意之时，不要在失意者面前炫耀。因为这会让他人觉得自己很倒霉，甚至对方可能认为你这是在嘲笑他的无能，让他产生一种被比下去的感觉。从而使得失意者大为恼火，甚至讨厌你。

林雯和冯曼都是一家公司的文员。但同是女人，而且都是漂亮的女人，命运却差了很多。林雯 26 岁时嫁给了一个富商，衣食无忧，老公对她宠爱有加。而她之所以还在工作，完全是不想让自己与社会脱节。

相比之下，冯曼的生活就惨淡了很多。她也是 26 岁结婚，但结婚的对象却是一名普通职员。两个人的老家都在农村，好不容易存够了首付的钱，但到现在装修的钱还没存够。这也是为什么下班后，冯曼还要到处打工的缘故。

这天，冯曼因为没休息好打瞌睡被上司骂了。当她从上司办公室垂头丧气出来时，她听到林雯又在炫耀自己的奢华生活："昨天，我去新光天地买了一件一万多元的皮草。哎，买的时候觉得还可以，一买回家就不想要了。真是的，下次买东西还是要想好，一万元也不少了。冯曼，你和你老公半年应该都存不到这些钱吧？"冯曼心里很难受，这不是明摆着说自己吗？自打这件事后，冯曼就很讨厌林雯，一有机会就故意为难她。

这则职场故事中，原本两个关系不错的女人，为什么关系一下子变僵了？因为林雯不该在失意的冯曼面前显摆自己富裕的生活。

在这个社会，每个人都非常重视自己，喜欢谈论自己，都希望别人关注自己。但在朋友面前，千万不要炫耀自己的得意，他也许并不愿听到这样的消息，如果你只顾炫耀自己的得意事，对方就会疏远你，于是你不知不觉中就失去一个朋友。

有人得意，就有人失意。聪明的人会将自己的得意放在心里，而不是放在嘴上，更不会把它当作炫耀的资本。当朋友失意的时候，需要的是安慰，而不是听你高谈你的得意之事。

与朋友交谈，要多谈对方关心和得意之事，这样可以赢得对方的好感和认同。现在已经不再是独自打天下的时代了，如果能让朋友认同你，帮助你，那么你追求成功就容易多了。

而与他人的相处之道，非常重要的一条就是，不要在失意者面前炫耀自己的得意。这种口头陋习不啻为在他人的伤口上撒盐，会严重损害人际关系，会冲淡亲子关系，影响夫妻感情，伤害手足之情，恶化朋友之情。

三、做个远离是非的优雅女人

俗话说"三个女人一台戏"，生活中，无论是在朋友小聚中，还是在办公室，女人总喜欢三个一群五个一堆地大谈家长里短、聊些八卦。

一些女人常把八卦聊天当成茶余饭后的乐趣，殊不知这些快乐有时是建立在他人痛苦之上的。如果说得都是一些好听的话，传到别人耳朵里，别人会对你产生好感，但是如果说得是一些负面的，不好听的话，最后被人知道到了，会让双方都很难堪。

阿 May 和薛然是同学，也是好朋友，她们可谓形影不离，无话不谈。毕业后，她们进了同一家外企。试用期过后，两人都顺利地成为公司的正式员工。

但薛然并不高兴，她们学历相当、能力也不分伯仲，但阿 May 一个月后就晋升为经理秘书，薪水比自己多了一倍！一次，薛然逛街时，正好看见阿 May 与经理在吃饭. 那一刻，薛然好像明白了什么。

之后，薛然就在办公室向同事们透露阿 May 晋升的"内幕"。一时间，办公室里风起云涌。薛然甚至还向同事揭露阿 May 大学期间的其他事。但一周后，令薛然措手不及的是，她被解雇了。

我们经常会犯这样的错误，无意间的话语，最后失去了同事、朋友的信任和友谊，甚至工作。因此，虽然有些话并不是你有意去说的，最后却收到负面效果。

在背后说别人，即使不是什么太过分的话，也会让人觉得不舒服，甚至有些话还会让人记恨。假如你实在是对某人感到非常不满，那么也要斟酌掂量能不能说，怎么说合适。

一个会说话的女人，不管是和朋友聊天，还是和同事聚会，说得每句话都会经过大脑的仔细斟酌的。有些时候，说者无意，但听者有心。甚至你在背后说的话，难免会被一些别有用心之人利用。把你说的话当作把柄，或者工作态度的罪证等。这不但让你失去了人心，也让你的对手有机可乘了。

千万不要因为一时口快，让人给定个长舌妇的罪名。这样既辱没了你的人格素养，在朋友圈中也不会受人待见。与其聊八卦，传播一些他人的小道消息，还不如聊些有品质的话题：兴趣，书籍，音乐……女人们，请远离是非，聊出自己的品位和优雅。

但即使我们远离是非，是非有一天也会找上你，聪明的女人该怎么办？所谓兵来将挡，水来土掩，以下就为大家提供几种远离是非的招数。

- **远离是非第一招：冷静判断，不说别人的八卦**

不要对八卦兴致勃勃，听八卦在所难免，但聪明的女人不会对八卦添油加醋，连"真的啊""不会吧"这种附和的话也不说。当你听到一个八卦后，最好的反应是做个"知道了"的表情后立即离开。

- **远离是非第二招：遭遇"探人隐私"者要答非所问**

知道是他人隐私，仍旧去询问者，是不懂得尊重他人的人，也是最有可能传播是非的人。遇到探人隐私者，不能有一说一，有二说二，最好的法子是答非所问。

- **远离是非第三招：遭遇"道人是非"者要"哼哈"而过**

"哼哈"是一种不可蔑视的处世学问。来说是非者，便是是非人。女人千万不要以为把他人是非告诉你的人便是你的朋友。道人是非者，自然也会说你的是非。聪明的女人从不与这类人推心置腹，"哼哈"而过是很好的方法。

- **远离是非第四招：主动出击，聊出高尚**

在对方尚未道出是非的时候，主动出击，先下手为强，聊些有营养的话题，把对话引到正常健康的方面。

四、尊重他人，不拿对方隐私开玩笑

玩笑是生活必不可少的调味品。在人际交往中，适当地开个玩笑，不仅可以松弛神经，活跃气氛，而且能缩短与朋友、同事之间的距离。一句玩笑话可以化干戈为玉帛，消除积怨，一句玩笑话也可以批评或拒绝某人的要求。

但女人在聊天的过程中，千万不能碰到别人的痛处，否则只会适得其反。我们每个人都有自己的忌讳，也都讨厌别人提及自己的忌讳。虽然聊天中开玩笑的人并不是出于恶意，或许对方自己也明白这个道理。但很多时候，还是不能忍受别人拿自己的缺点开玩笑，这会引起对方的反感，有时可能还会招来怨恨。

因此，开玩笑也要把握好分寸和尺度，尤其不要拿别人的隐私开玩笑。否则，就会产生不良后果。

林夕与妻子左月结婚两个月后，就生了一个小孩，许多朋友赶来祝贺。左月的同学刘倩也来了，她们读书时都是学美术的，所以她送孩子的礼物是纸和铅笔，希望孩子以后可以成为画家。

林夕谢过了她，开玩笑说："刘倩，给这么小的孩子送纸和笔，不太早了吗？"刘倩回道："不会啊，你家孩子太性急。本该八个月后才出生，可他偏偏两个月就出世了，再过五个月，他肯定会去上学，所以我才给准备了纸和笔。"

刘倩的话刚说完，全场轰堂大笑，令林夕夫妇非常尴尬。刘倩调侃他人，道出了林夕妻子未婚先孕的隐私，令大家都很尴尬。

生活中，谁没有隐私？谁又不会忌讳他人大谈自己的隐私呢？不拿他人隐私开玩笑不仅是处理人际关系的技巧问题，更是对待朋友的态度问题。尊重他人就是尊重自己。

然而，有那么一种人对他人的隐私颇感兴趣，并以传播他人的隐私为乐。比如，他人的个人感情、缺点毛病、家庭生活、偷看别人的文字材料等，真可谓"包罗万象，面面俱到"。甚至有个别人，挖空心思窥探别人的隐私，并津津乐道。

喜欢揭开他人隐私的人，是非常可恨的。这样不仅会勾起他人不快乐的回忆，还会使他人产生伤心的感觉，甚至是心寒，而且它会使在旁边的人深感不舒服。毕竟，伤疤是每一个人都有的，只是大小不同而已。

正所谓"己所不欲，勿施于人"。所以即使处于盛怒中，亦不可说出诸如"你不要认为你从前的事情没有一个人知晓"或者是其他方面伤人的言语。

对于他人的隐私还是少知道或不知道为好，即使知道的话，最不应该做的就是大肆传播和妄自揭露。也就是说，对于他人的隐私，我们要做到"勿问、勿听、勿看、勿传"。要知道，尊重他人，包括尊重他人的隐私，也就是在尊重自己。

五、舌头往回收，不要当面揭人短

一张嘴能行善也能造恶，能救人也能杀人。正所谓"良言一句三冬暖，恶语伤人六月寒"，所以我们说话一定要慎重。

要与他人友好相处，就要尽量考虑他人的感受，维护他人的自尊，避开语言的"雷区"，舌头往回收，不要当面揭人短，戳人之痛，因为一时的痛快或许会为将来埋下祸端。常言道"打人不打脸，揭人不揭短"，只有相互尊重才能和谐共处。在人际交往中，必须首先记住这一条：不要当面揭人短。

有些商家的促销员为了推销某品牌的产品，不仅在顾客面前喋喋不休，而且常借顾客的缺陷来展示自家产品的优越性。李莹就遭遇过如此尴尬的一幕。

一天，李莹到一家化妆品店购买粉底液。当其在货架上拿起一瓶常用的某品牌粉底液时，站在一旁的促销员赶紧告诉她，该品牌效果不适合她，起不到遮瑕的作用。随后，促销员便向其推荐另一种品牌的粉底液。促销员此时根本没注意到李莹的不悦，仍喋喋不休地向她推销该产品。"你脸上这么多斑，用这种粉底液既可以遮瑕，又可以起到护肤的效果。"李莹一听此言，环顾一下四周，见很多人都在注视自己的脸部，不禁愤愤地走出了化妆品店。

化妆品店的促销员为了推销产品竟然拿顾客的"短"处来说事，这严重伤害了顾客的自尊心。"揭短"，有时是故意的，那是互相敌视的双方用来攻击对方的武器；"揭短"，有时是无意的，那是因为某种原因一不小心犯了对方的忌讳。但总的来说，有心也好，无心也罢，当面揭人短都会伤害对方，甚至导致双方关系破裂。

每个人都有所长，亦有所短。交谈时要有分寸，一旦触到了对方的短处，就相当于踏进了社交的"雷区"。正如我们常说的瘸子面前不说短、胖子面前不提肥、"东施"面前不言丑。要设身处地为别人想一下，别由着自己的性子和习惯来说话。要善于发现对方身上的优点，多夸别人的长处，切忌抓住别人的短处大做文章，只有这样才能和和气气、皆大欢喜。

生活中，我们不要揭人之短，更不要搬弄别人的痛处。别人的缺陷，或者家庭不幸，或者有其他的短处，心里已经很痛苦，不能在雪上加霜；不要"哪壶不开提哪壶"，不然，伤害了别人不说，也许别人也不会轻易放过你，即使他能够当时不予还击，以后他会记恨你一辈子，甚至你会为你的口无遮拦付出沉重的代价。

摩洛哥有句俗语说："言语给人的伤害往往胜于刀伤。"揭短对他人所造成的伤害，是很难弥补的。即便对方当时没有发作，但是你给对方心里留下的"伤痕"，依然是很难平复的。

六、言多失语，巧妙挽回局面

不管是普通人还是名人，都免不了有一些言语失误。出现失语的原因各不相同，造成的后果却非常相似，有时会贻笑大方、有时会纠纷四起、有时甚至不堪收拾。

当然，失言并不是有心的过错，不过却是交际失误。失言后该怎么办呢？千万不要以为话已经说出去了就不补救，不承认错误，这是极为错误的方法。

采取一定的补救措施或者矫正之术，去避免言语失误带来的难堪局面，这是失言后首要做的工作，如此也才能获得他人的认同。

1. 坦率道歉

如果自己无心之说伤害了对方，或者造成了尴尬的局面，我们应该坦率地道歉，补救失误。我们可以说："说那样的话我深感遗憾，我愿意向你道歉。"以一份坦率的胸襟来面对自己的过失，以诚恳的态度赢得他人的认同。

2. 调转矛头

失足了可以再站起来，失蹄了可以重新振作，而我们失言后依然可以用语言进行弥补，只要我们懂得随机应变，就能弥补自己语言的过失。比如，将错话加在他人头上"这是某些人的观点，我认为正确的说法应该是……"又或者将错就错，干脆重复肯定，然后巧妙地改变错话的含义，将本来的错误变成正确的说法。

3. 借题发挥

小蔡大学毕业后去一家合资企业求职，一位负责接待的先生递过来名片。小蔡有些紧张，对名片匆匆一瞥，脱口说道："藤野先生，您身为日本人抛家别舍来华创业，令人佩服。"对方微微一笑："我姓腾，名野七，是地道的中国人。"

小蔡顿时面红耳赤，感到非常尴尬。片刻后，她诚恳地说道："对不起，您的名字让我想起了鲁迅先生的日本老师——藤野先生。他教给鲁迅许多为人治学的道理，让鲁迅受益终生。希望腾先生日后也能时常指教我。"腾先生面带惊奇，点头微笑，最终录用了她。

所谓的借题发挥就是错话一经出口，在简单的致歉后立即转移话题，有意借着错处加以生发，以幽默风趣、机智灵活的话语改变场上的气氛，使听者随之进入新的情景中去。

4. 将错就错

为了使错误能够及时得以补救，创造良好的人际关系和心境，最要紧的是掌握必要的纠错方法，而将错就错不失为一个好办法。这种方法就是巧妙地将错话接下去，最后达到纠错的目的。

其高妙之处在于，能够不动声色地改变说话的清静，使听者不由自主地跟着你的思维走，随着你的话语而调动感情。

七、善意的谎言也是一种智慧

在传统观念中，说谎是一种要不得的行为，被视为一种罪恶。但人与人相处，不分情况的一味诚实，不只会伤害他人，也会伤害自己。因此，生活中偶尔也需要些善意的谎言。

善意的谎言也是一种智慧，它不以利己为目的，美丽的谎言出于善良和真诚，无悖于道德。在适当时候说出的谎言，饱含真诚，散发着温暖，我们要学会在适当的时候说些谎言。

李可出生在山村，附近都是高山。一次母亲带他去爬山，山很高，费了很大的力气才登上山顶。站在高高的山顶上，看着远处的群山，一览众山小的感觉油然而生。李可和母亲都非常激动，觉得他们都很厉害。这时，李可问道："妈妈，山的那边是什么？"妈妈说："还是山呗。"李可又问："那山的那边呢，有海吗？"妈妈看着儿子那充满希望的眼睛，撒谎道："有。"李可不弃不舍，又问："山那边还有什么？"妈妈也不知道山的那边有什么，但又不忍心伤害好奇的儿子，只好说："山那边什么都有，有你想得到的，也有你想不到的。"

李可听妈妈这样说，眼中流露出好奇和坚定。他对妈妈说："妈妈，我长大了一定要到山的那边去。"后来李可长大了，真的在城市有一番作为，对于自己的成功，他非常感谢当年母亲善意的谎言。

善意的谎言是美丽的，它能给别人希望，激励人奋发向上。如果我们是为了他人的幸福而撒些无关紧要的小谎，也是可以被理解、被尊重和被宽容的。善意的谎言的本身性质决定它并非恶意，而是建立在内心诚与善的基础上的。

生活中，为了让彼此更幸福，有时撒个善意的谎言比说真话要好得多。比如，家庭中夫妻双方难免不存在一点儿隐私，如果都毫无保留地把自己暴露在对方面前，很可能会产生矛盾。因此，任何一对夫妻都有可能心存一些小秘密，必要时则撒一个无关紧要的谎，也都是为了两个人更好地相处。

心理学家洛巴托说："如果我们在一天当中总是说真话，那么就会感到自己反受其害，无法与人和睦相处。"出于善意的谎言，是人生的滋养品，它让人和睦相处，从心里燃起希望之火，使人更加乐观地面对生活。

总之，与人交谈时，在不伤害对方利益的前提下，善意的谎言反是聪明之举。现实并不是一道是非题，非对即错，生活中并不是每一件事都要我们做出大是大非的判断，它也可以容纳艺术。

八、批评别人的话，不要太刻薄

有些小心眼的女人，容不得别人有半点错处，当别人犯错时，批评别人的话说得极为刻薄。尤其是一些有点地位权力的人，工作中经常对下属发火，把下属骂得晕头转向，相信谁也不愿意在这种女上司手下谋事。

"人非圣贤，孰能无过"，平常与他人相处，如果发现对方出错，千万不要尖酸刻薄，抓住一点小失误就把别人批评得体无完肤、一无是处，这样会让双方的关系告急。

有一次公司举行会议，副总裁陈冰提出的问题非常尖锐，是针对销售过程的管理问题。她气势汹汹，将矛头指向了销售部经理，一副准备挑错的样子。销售部经理为了不让场面难堪，对这些尖锐的问题避而不答。结果陈冰更为恼火，直骂销售经理无能。

纵使平日他们的工作关系再好，但这样充满火药味的场面也会让两人的关系变得紧张起来。平心而论，那位销售经理是个很好的雇员。但因为这件事，他主动辞职离开。之后他到另一家公司工作，表现不俗，为公司赚取了不少利益。

尖酸刻薄的话语就像一把利刃，可以刺得人心里流血。过分地挑剔别人的错误，非但不会让别人知道自己错了，还会让他人对你痛恨不已，在日后的接触和交往中不予合作或故意设置障碍。因此，与人沟通切忌尖酸刻薄。

在批评别人时，使用挖苦、讽刺的言辞，比如，"你怎么这么无能""你不就是……"等，是一种缺乏修养、没有风度的表现。聪明的女人在批评他人时，会采用各种技巧摆事实、讲道理，循循善诱，绝不会讽刺挖苦，或用粗话侮辱别人。

其实，当某人做错事时，他也会感到抱歉、惶恐，也会反省自己。如果你用尖酸刻薄的话语来指出他的错误，他可能会羞愧难过，甚至失去自信。因此，对已经认识到自身错误的人，不妨多一些宽容和关切。这样，对方不但感激你的信任，也会在之后的工作中更加努力。

安琪是一名市场调查员，她的第一份工作就是为新产品做市场调查。但结果出来的时候，她几乎要崩溃了，因为计划工作中一个小错误，导致整个结果完全错误，必须重新再来。糟糕的是，报告会议即将开始，安琪已经没有时间同老板商量这件事了。

安琪在报告会议上战战兢兢，她先简短地说明了一下情形，并表示要重新改正过来，以便在下次会议时提出，坐下后，她等待老板大发雷霆。出乎意料，老板夸她工作勤奋，并表示新计划难免会有错，相信新的调查肯定没有问题。老板在众人面前肯定了安琪，相信安琪已尽了力，并说安琪缺少的是经验，而非能力。这让安琪十分感激这位上司。

同样是犯了错误，不同的对待方式会产生不同的效果。刻薄的批评让好员工另谋他处，让同事成了互相拆台的冤家；而信任与支持，让安琪改正了错误，而且化为工作的动力。

如果你使用了侮辱性的语言，或用其他方式羞辱了被批评者，他们所关心的就会是这个，而不是错误本身。所以，有修养的女人批评别人时，一定要给别人留面子，多从对方的角度出发，把握批评的火候，千万不要刻薄。只有这样，才可以避免毫无必要地"树敌"，才可以做到"化干戈为玉帛"。

生活中，每个人都会顾及自己的脸面，一句体谅的话，对他人的一点儿宽容，都可以减少对他人的伤害，维护他人的面子。生活中需要智慧，也需要宽容。

九、不好的消息也得用好的方式表达

人们总是喜欢报喜不报忧，但有可能你偏偏就是那个倒霉蛋，明知上司、同事难以接受，却不得不传递坏消息。职场中，有些女人因为不会说话，不会传递坏消息，最后被上司"迁怒"了，或是影响到了与同事之间的关系。因此，在职场传递坏消息是非常有讲究的。

要想让别人接受坏消息，关键在于我们如何把坏消息告诉他们？请看如下场景："经理，经理，不好了，上次来的那个客户刚打电话来说，他们今年不想和我们继续合作了，想找一家新的供应商合作，这怎么办啊？真要是这样，我们会损失四分之一的份额的！"

如果你是那位经理，当时正在与一位重要的客户联络感情，在宾主尽欢之际，突然冲进来这样一位员工，气喘吁吁地告诉你这样一个消息，你有何感触？你将如何应对呢？

也许你在还没有被这个坏消息震惊前，就先被这位员工的举止惹恼了。你不得不承认，并不是你的修养不够，实在是这位员工行事太没眼力见儿、太不会说话办事了。

因此，当我们不得不传达一些对方可能不愿意听到的消息时，我们就需要花些心思，找到一种最易于接受的方式来达到自己的目的！

乔伊是一家食品经销公司的负责人，她为人和蔼可亲，做事很有效率，大家都很喜欢她。可是有一天，乔伊发现自己必须告诉大家一个坏消息。

当时，公司很有可能要在半年之内关闭两家分公司。可是，他们还必须要求两家公司的员工更加努力地工作，这样，两家公司才有可能避免被关闭的命运。当时北方的公司更为努力，他们加班工作、认真负责，但最后他们还是失败了。

管理层给乔伊发了一份"演讲稿"，要求乔伊当众宣读。面对演讲稿上的"赔偿金"等冷酷的字眼，乔伊感觉无所适从，她该怎么做才能让大家更容易接受这个事实呢？

她认真分析自己与公司员工之间的关系，制订了一份演讲计划。考虑一段时间之后，乔伊召集北方公司的所有员工一起开会。她说出了自己的真实想法，此刻她代表的不是公司的利益，而是作为团队成员之一的感受。

她用一种发自内心的语调告诉大家，整个团队已经付出了最大努力，但最终仍然失败了。她向大家保证自己非常理解他们的感受："我也感觉很可怕，因为我也失去了一份工作。"

工人们并没有陷入愤怒，相反，乔伊讲话结束之后，整个会场响起了热烈的掌声。她成功地把握住了工人们的情绪，帮助他们克制住了自己的愤怒，并通过一种适当的方式把自己内心的压抑释放出来。掌声结束之后，乔伊用一种平静的语调跟大家讨论了随后的赔偿问题和其他细节。她干得非常漂亮！

传达坏消息，心情总是沉重的。然而，这种时候正需要一些思考，就像乔伊一样，经过短暂且严密的思考过后，"宣布"坏消息。

无论是好消息还是坏消息，与听者的主观感受有关，如果一个人先前都在接受着相对比较积极正面的信息，而你突然告诉他一个坏信息，他当然会觉得受不了，因为前后反差过大。

基于人们主观感受的特点，在说坏消息前，你如果能突破听者的心理承受底线，然后再给出你真正想告知的坏消息时，对方自然会觉得"没那么坏，相对那个糟糕的结果，这没什么！"

用这种方法传达坏消息，前提是你必须了解对方的心理承受范围，然后在沟通时需要不断地试探、降低其预期，最终摸清对方的心理底线。

职场丽人不要害怕传达坏消息，只要你能揣摩好他人的心理，能够站在对方的角度考虑问题，话语真诚，方式适当，就能将"晴天霹雳"消解于无形。

十、毫无意义的口头禅，人人都烦

著名心理学家威廉·詹姆斯就曾说过："播下一个行动，收获一种习惯；播下一种习惯，收获一种性格；播下一种性格，收获一种命运。"常常脱口而出的口头禅，俨然已经成为一个人的语言习惯，而从更深层次上来讲，这种习惯反映了一个人对某一类情形的反应模式。

具体而言，一个人喜欢使用什么类型的口头禅是与他的性格、生活遭遇或是精神状态密切相关的。所以说，一个人的口头禅是这个人向他人展示自己的标签，影响着他人对这个人的感觉。

单就女人说话而言，积极的、上进的口头禅会让人感到女性的阳光和魅力，让人心旌荡漾，甚至大受感染；有教养的词汇会让人感受到女性的文化气质，自是传达给人一种彬彬有礼的美丽。但是，也有很多人的口头禅过于消极、颓废，如"差不多吧""随便"，往往让人觉得说话者缺乏主见、没有目标、安于现状；"据说""也许""算了吧"则显示说话者自信心不够；"无聊""没劲"则会让人觉得说话者没有追求或者对现状所抱有的疲惫心态。

对于现代都市女性而言，没有正面意义的口头禅只会让人心生厌烦。不管你有意无意，你在别人的心中都会或多或少打上折扣。一句在当事人看来再普通不过的口头禅，可能会让自己失去很多不可多得的机会和朋友。

有一件事很让吴慧玲伤脑筋。不知为什么，她总感觉常常融入不了别人的圈子，不是她不愿意接近，而是别人总是不愿意和她交谈交往。

为此，她不得不放下架子，咨询她最要好的一个朋友。她的朋友思忖良久，终于语重心长地对她说："或许是你的口头禅惹的祸。"然后，她的朋友便一五一十地分析给她听。当大家在一起交谈说到某一件事情时，吴慧玲总会在听完之后加上一句"我不相信"。

尽管如此，她也说不出个令人信服的辩驳的理由来，这让人一下子感觉她不喜欢说话人，从而其他人也都很忌惮，主动与她保持距离，免遭攻击。久而久之，大家也都知道了她的说话风格，自然就不愿意和她多说话了。

从此，吴慧玲便有意识地在说话的时候改掉了那句"我不相信"的口头禅，转而说"这是真的啊"这句话，很快情势便有了转机。当说话的人听到她这样充满好奇和信赖的反应，没有一个人不感到兴奋和喜悦。从此，那个不被人喜欢的女孩消失不见了，取而代之的是一个很多人都乐意同她聊天的可爱女孩。

毫无意义的口头禅无论对一个人的交际圈，还是对他本身为人处世的方式来说都是起不了任何积极作用的，更有甚者，还会让人对你失去信任，以为你犹如你的口头禅一样，是个敷衍了事的人。所以，如果你经常使用"我不行了""我老了，不中用了"等无意义的甚至是带有消极情绪的口头禅时，你就应该多加留意，不要让这些口头禅成为你人生的真实写照。

由此可见，对于在话语中带有类似口头禅的女性，有意识地去优化自己常用的口头禅就显得尤为必要。

在现代社会的快节奏下，女性承受着比以往社会更大的压力。因此，对于我们而言，应该多尝试使用正面词汇作为自己的口头禅，以起到自我激励和传递正面信息的作用。即便人生遭遇了重大转折和变故，我们也应该保持对人生的信心和掌控，犹如耐克的那句经典广告语"nothing is impossible"一样，永远保持一种对人生的高昂斗志和积极心态。

唯有如此，那些深藏在心底的私密信息才不会轻易地泄露，而这对于女性来说也更是一种不自觉的自我保护。

戒除毫无意义的口头禅，以积极正面的语言取而代之是每一个女性朋友都应该注意和争取的目标。当你的口头禅有了新鲜、向上而欢快的意义，你也在不知不觉中得到了更多人的喜爱和肯定，人生新的一页也从此掀开。

第五章

CHAPTER 05

风趣幽默，做个谈笑风生的睿智女人

　　幽默是生活的调味剂，更是人际交往中一种巧妙的交际技巧，想要表达自己的不满，又不想双方太难堪，不妨运用幽默来调节一下气氛。想要成为一个善于交际的人，那么幽默必须要随身携带，做一个能够谈笑风生的睿智女人。

一、想逗乐别人，先拿自己调侃

随着生活节奏的加快，生存压力也越来越大，随之而来的便是人际关系的复杂化。孩童时天真烂漫的笑脸永存于记忆，取而代之的则是一张张千人一面的扑克脸和苦大仇深的苦瓜脸。面孔的冷漠化让本就扑朔迷离的人际关系变得更加难以掌控，以至于一传十、十传百，唯恐冷漠泛滥得不够深、不够广。

不仅如此，冷面孔也自然而然地给工作带来了很多的负面影响，使本可以顺利完成的事显得那么难以应对。此外，冷面孔也让原本可以温暖的生活蒙上了一层冷若冰霜的面纱，少了人情和温暖。因此，杜绝冷漠，让笑容带动自己嘴角上扬才是女人们不可不修炼的口才秘籍。

与冷漠类似，女人的笑容也是可以传染的。除了让人浑身舒畅、快乐无比的微笑外，那种常常能够救冷场或破尴尬的睿智而幽默的话语所带来的大笑，也是生活和工作中不可缺少的润滑剂，是让他人笑靥如花的最好佐料。

但，若想逗笑他人，最好先拿自己调侃。女人若能做到这点，首先让自己笑起来，然后在镇定和放松的气氛中让他人也立马随之开怀大笑，必定是一个能带给人和睦春风而又受人喜爱的睿智女人。

刘奶奶是位很出色的花艺师，但身体欠佳，常常来往于医院。有一次刘奶奶又因病情住院了，而且医院还下达了病危通知书。亲友们知道后，心中都十分难受。万幸的是，这次不过是一场虚惊。

恢复过来后的刘奶奶见亲友

们的神情凝重，心中自然是有些过意不去，便故意跟大家开起了玩笑："这几天阎王可请我喝了不少茶，因为阎王缠着我，非让我给他把阎王殿装饰一下。我本不想与阎王交朋友，可阎王威胁我说，我若不做就不放我回来。没办法，我只好应命了。临行前，阎王还专门出来送我，还允诺将要为我增寿几年呢！"

说完刘奶奶立马自己先哈哈大笑起来，大家见刘奶奶精神状态如此之好，还能说这种逗人开心的笑话，不禁释然了很多，也自然地跟着笑了起来。

刘奶奶的这种机智和诙谐，让亲友们一下子觉得气氛由阴转晴，让一直处于紧张状态的人们也感悟到一种坚持和淡定的力量。

一般而言，豁达乐观的女人总有办法轻而易举地逗得他人开怀大笑，并在此之前自己先笑起来。这种时常能给他人和自己都带来欢笑的女人，也多半会受到大家的认可和肯定，像明星一样受到欢迎。

在生活中，如果人们都能像刘奶奶这样突破一些让人习以为常的常规，冷不防地制造点小幽默，让大家开怀一笑，无疑会改善低沉的气氛。

女人们为人处世时，不妨学学这种先"胳肢"自己再"胳肢"别人的技巧，如此一来，再尴尬难堪的气氛都会被这种睿智的幽默所化解。

生活中，获取幽默语言的途径有以下几个：

1. 用"趣味思维方式"捕捉喜剧因素

"趣味思维"是一种"错位思维"，不按照普通人的思路想，而是"岔"到有趣的一面去。

2. 在瞬息构思上下功夫，掌握必要技巧

幽默风趣是一种"快语艺术"，它突破惯性思维，遵循反常原则，想得快、说得快，触景即发，涉事成趣，出人意料之外，又在情理之中。

如有位将军问一位战士："马克思是哪国人？"战士想了一会儿说："法国人。"

将军说："哦，马克思搬家了。"对于这常识性问题都答不出，将军当然不快，但这一"岔"，构成了幽默，其实也包含了对战士的批评教育。

3．要注意灵活运用修辞手法

极度的夸张、反常的妙喻、顺拈的借代、含蓄的反语，以及对比、拟人、移就、拈连、对偶等都能构成幽默。

4．要注意搜集素材

我们的生活丰富多彩，提供了许多有趣的素材，这些素材无意识地进入我们记忆仓库的也很多，我们如果做个"有心人"，就会使自己的语言材料丰富起来。

女人们要懂得通过自己的逗笑带动说话的氛围，要善于在平时的生活中广泛地搜罗趣事和幽默的资源。当女人们都能够做到不时地让自己和他人都开怀大笑时，无疑便会拥有上佳的人缘。

二、一语双关，做个幽默与智慧共存的女神

"一语双关"可谓是幽默最厉害的招式之一，它又不只是"幽默"而已，同时还隐含着智慧。如果"一语双关"运用得恰如其分，能够聪明地表达出对人及事的看法，除了使人们"不禁莞尔"或"哈哈大笑"以外，更是"机智人生"的呈现。

所谓双关，也就是你说出的话包含了两层含义：一是这句话本身的含义；另一个是引申的含义，幽默就从这里产生出来。也可说是言在此意在彼，让听者不只从字面上去理解，还能领会言外之意。

有一位年轻的作者到编辑部送稿，周靖看后问道："小说是你自己写的吗？""是的。"年轻人回答，"我构思了一个月，整整两天才写出来，

写作太辛苦了!"周靖突然大发感叹:"啊! 伟大的契诃夫，您什么时候又复活了啊!"年轻人红着脸悄悄地退出了编辑部。

周靖利用包含在话语意义里的语义双关批评了年轻人，"伟大的契诃夫，您什么时候又复活了啊!"隐含着"你抄了契诃夫的作品"之意，既含蓄诙谐又具有强烈的讽刺力量，可以想见，这样的批评效果远比板着脸快语明言教训人要好得多，也更容易让人接受。

我们在说话时，尤其是在批评一个人时，故意使某些词语在特定环境中具有双重的意义，这样既能达到理想的效果，又可以增添言谈话语的幽默感。

在平常的生活中有大量的话不用直接说出来，话里带出来就行了，更有不能直言的意思，得靠暗示来表达。于是便有一语双关、巧妙暗示之说。

一语双关，既含蓄又有力量，这样的批评效果，远比板着脸直言教训人要好得多。

直话直说不是幽默，巧妙暗说才显得幽默无比;实话实说也不能算作幽默，将实话"虚说"才能称为上乘的幽默。幽默与现实生活通常只有一步之差，关键就在于你如何实现二者的巧妙过渡。

幽默感是与显而易见的刻薄不相容的，幽默能把对人的贬意淡化。一语双关提供了另一重语义把你的攻击锋芒掩盖起来，使你的智慧情感和人格得以升华。

当然，我们也可以利用字的谐音来制造双关的效果，会显得很有幽默感。

传说李鸿章有一个远房亲戚，胸无点墨却热衷科举，一心想借李鸿章的关系捞个一官半职。

他在考场上打开试卷，竟无法下笔。眼看要交卷了，便"灵机一动"，在试卷上写下"我乃李鸿章中堂大人的亲妻(戚)"，指望能获主考官录取。主考官批阅这份考卷时，发现他竟将"戚"错写成"妻"，不禁拈须微笑，提笔在卷上批道："所以我不敢娶你。"

"娶"与"取"同音，主考官针对他的错字，来了个双关的"错批"，既有很强的讽刺意味，又极富情趣。

巧妙暗示是人们经常使用的手段，用另一种方式表达出你的意思，不仅能达到幽默的效果，还能让你由主动变被动，达到自己想要的结果。而妙趣横生的幽默，情急之中的妙言巧答更能给人以趣味感。

三、女人陷尴尬，一语扭转乾坤

我们在生活中有时会遇到一些尴尬的事情，这些事总是让我们啼笑皆非，又无可无奈。当遇到这种情况的时候，我们与其退缩，倒不如用语言扭转乾坤。

有一位国外名人曾说："眼睛可以容纳一个美丽的世界，而嘴巴则能描绘一个精彩的世界。"当然，美丽的世界会被一些事情所困扰，这就需要我们用自己的语言去扭转乾坤了。

公司要组织宴会，张晓为此准备了一首歌曲。为了能够把歌唱好，她每天下班以后都要练上一个小时。宴会当天她盛装打扮，歌曲唱得非常好，犹如天籁之音，她美妙的歌声获得了大家的赞赏和掌声。但是当张晓下台的时候，被长长的裙摆绊倒在地，华丽的着装、娇美的身躯与当时的狼狈形成了强烈的对比。见此情景，观众一片哗然。

然而，张晓并没有被尴尬淹没，惊慌而逃，她急中生智地站起来，拿起话筒说："我真正为大家的热情倾倒了！"顿时，杂乱的声音被笑声和更加热烈的掌声所取代了。

张晓适时地用幽默，不仅化解了尴尬，她的机敏也赢得了大家的掌声。这种一句话扭转乾坤的效果正是我们大多数人所追求的。

我们日常生活中，更是离不开一语解围的事情。例如，在喜庆的婚礼、宴会之类的欢乐场合，有时会突然出现一点意外让在座的人感到扫兴。这时，如果说一句得体的话便可妙语解围，让欢乐的气氛继续下去。

可以说语言有着无穷的力量，善于运用语言，也可以让自己的人生变得更加精彩。

在媒体采访时冷场是让艺人最尴尬的事情，所以如何化解也成了艺人必修的功课之一。

在金鹰电视节时，采访初始，没有一个记者主动向贾玲提问。于是，性格直爽的贾玲便首先开声，"都没有问题了吗？我已经不火成这样了吗？就没点绯闻要问问吗？"紧接着，现场的媒体要求自曝，贾玲就机智的来了一场现场征婚，毫不忌讳地表示 32 岁的自己还是单身，还现场耍起了宝，建议现场单身的记者可以联系其经纪人，一时间采访区成了欢快的海洋。

简短的几分钟的采访，着实逗疯了媒体、看醉了观众，贾玲的高情商也为她吸引了一众粉丝纷纷点赞。经过一番自我调侃之后，采访的氛围自然缓和不少。

有幽默感的人通常思路敏捷、反应迅速，无论在任何复杂的环境中，他们都能从容不迫、妙语连珠，而且总是能凭借幽默的力量化险为夷。

在日常生活中，遇到难以避免的尴尬状况，我们也可以略施幽默，借助幽默的力量去应对和化解它。

一个人的心情是晴天还是阴天，决定权往往都在我们自己手中，而不

是外界环境。尴尬的瞬间往往最能考验一个人的风度，只有在尴尬的气氛中依旧保持自信从容，才能做到真正的宠辱不惊，才能让自己的心境一直处于愉悦、平和的状态下。

四、借语做桥，用幽默应对嘲讽

幽默往往是那灵光一闪的瞬间，可以给人留下深刻的印象。聪明的女人，会抓住这一刹那间的灵光，展现其动人的魅力。

幽默的表达是内蕴的，通过曲折的暗示教训傲慢者和嘲讽者。在日常生活中，这种艺术使幽默更加显露出它固有的机智与思辨色彩。由于这个原因，在生活中的舌战场合，这种幽默也被广泛地应用。

冬天的晚上，寒风凛冽，酒店门口的侍者看到一个贵妇人在徘徊，就拉开门让女士进来。"如果你因为我是女的，所以开门让我进来，那就算了吧！"贵妇人傲慢地说。"不，夫人，"他回答，"我为您开门，是出于尊重你年纪大了。"贵妇人当即脸红了。

下面这个故事则更体现了平凡人回击"高贵"的傲慢者，但却不露声色的水准。

两个贵族青年，骑着高头大马在路上趾高气扬地走着，迎面走来一位驼背的老妇人，手里牵着两匹瘦骨嶙峋的小驴子。两位年轻人傲慢地戏弄老妇人说："早安，驴妈妈。"

"早安，我的孩子们！"老妇人答道。

老妇人巧妙借用对方话中的"驴妈妈"这个词语，顺其之势，取其神髓，再把自己要说的话加工，平和而又幽默地回击了两个贵族青年的侮辱，既维护了自己的尊严，又对两个贵族青年予以温和的批评和教育。

生活中，我们也会遇到一些嘲讽者，这时就可以借语做桥，巧妙接过他人的言语，用幽默加以还击。

五、去除芒刺，给批评穿上幽默的外衣

幽默是一种语言表述方式，它融技巧性和轻松感于一体，让人们在诙谐与笑声中解决问题。

在工作与生活中，幽默的表达方式还有着很多意想不到的作用，但很多人并非生来就具备幽默的天赋，这需要后天的积累和培养，多看一些范例，多了解一些幽默的语言，把控好适当的环境，合理运用这些语言，这样既有利于解决问题，又能增添自身的魅力。

学会用幽默的方法表达你的看法，还可以帮你减少麻烦、积累人际关系、获得成功。很多人在羡慕别人的同时也渴求自己能够具备幽默表达的能力。

提意见出于需要，把本来可以直说的话，故意不直说，却用幽默的办法来表达，从而产生一种耐人寻味的效果。

提意见从出发点来看是出于好心，但不小心就会得罪了别人。如果能把直言而实的意见变成幽默语言，则同时达到了既表达自己意见，又使对方在笑声中认识错误，听取你的意见的目的。

一位顾客在某餐馆就餐。她发现服务员送来的一盘鸡居然缺了两只大腿。她马上问道："上帝！这只鸡连腿也没有，怎么会跑到这儿来呢？"

一位车技不高的小伙子，骑单车时见前边有个过马路的人，连声喊道："别动！别动！"那人站住了，但还是被他撞倒了。小伙子扶起不幸的人，连连道歉。那人却幽默地说："原来你刚才叫我别动是为了瞄准呀！"

像以上两个例子的情况，我们在日常生活中会经常碰到。由于有了幽默、洒脱的态度，所以矛盾被巧妙地化解掉了。这里的可喜之处，并不是回避、无视生活中出现的矛盾，而是以幽默的方式展示一种温和的批评。设身处地地想想，你

被骑车人撞倒了，还有心思与肇事者开个玩笑，这修养，不知要多少年的火候才能修炼出来。也许，这些故事都是人们编造出来的，但这又何尝不是人们对那种人与人之间充满爱心的境界的一种呼唤呢！

在人际交往中，有时候我们会面临一个两难的境地，进会伤及交际对象，退则有损自身利益或形象。这个时候，是最考验一个人的交际水平的，一着不慎，就会弄得灰头土脸、里外不是人。

六、如遇失言，机智妙语巧弥补

"人有失足，马有失蹄"，日常生活中，我们每个人都有说错话的时候。虽然造成口误的原因不尽雷同，导致的结果却不难预测：轻则贻笑大方、出现冷场，重则引发纠纷，甚至反目成仇。因此，当我们发觉我们说错话的时候，就要及时弥补，免得与朋友同事的关系越来越僵。

当说错话时，要及时弥补，把损失降到最低。我们没有必要一直后悔，对自己所犯的错误耿耿于怀，而要学会向前看。只要及时弥补自己言语的错误，仍可以赢得大家的欢迎。

张洁是我们办公室里公认的活宝，她走到哪里都会引起一片笑声。

一次，同事王磊把儿子带到办公室玩。孩子好动，不知怎么就把王磊的电脑鼠标弄坏了。王磊非常生气，抬手就给儿子屁股上一巴掌。旁边的张洁就是看不得别人打孩子，一下子蹦了起来，指着王磊的鼻尖大叫："你怎么打孩子，你的手怎么这么重。"

王磊顿时蒙了，眼睛直直地盯着张洁，同事们也都紧张起来。张洁也清醒过来，心说："坏了，自己这臭脾气又犯了。"同事们也都觉得这下张洁无法收场了。谁知张洁轻轻拍了拍孩子的小屁股说："你知道你爸这一巴掌有多重吗？这孩子原本是个大学教授，这一巴掌把个大学教授给打没了。"周围的同事哄堂大笑，王磊也乐了："他要能当大学教授，太阳就得打西边出来了！张洁你可真会说话。"

王磊在办公室里打自己的儿子，有点不顾场合，再加上冒出个同事这么一搅，其尴尬可想而知。还好张洁很快就意识到了自己的冒失，反应快，用幽默化解了尴尬。

如此看来，生活中还少不了幽默。应对突发的尴尬局面，幽默常能收到良好的效果。当然，如何运用幽默，那就要看个人的水平了，运用得好就能起到四两拨千斤的效果。

任何人都有说错话的时候，关键是要及时发现自己的错误，并且要尽量在别人不知道或者没有发觉的情况下，悄悄去弥补。女人要懂得有错就改，及时弥补自己言语中的过失，重新做一个让别人欢迎的人。

七、巧妙应对，令人转怒为笑

幽默的话总是会给人轻松、诙谐的感觉，令人莞尔一笑，笑的同时心中也有所领悟。当你情绪紧张的时候，一句幽默的话会让你觉得全身放松，放下心头的压力；当你因某事而畏惧时，一句幽默的话会让你产生一种豪情，增添几分勇气。同样，当你愤怒难当的时候，一句幽默的话会平息你的怨气，安抚你的情绪。

早上，某酒店餐厅座无虚席，热闹繁忙。由于餐厅准备不足，虽然两名服务员频频穿梭于厨房与餐厅之间，但渐渐食品供不应求，饮料也开始告急，桌上碗碟筷子空空如也，在餐厅就餐的客人渐露怒容。

正在餐厅就餐的营销部车经理见状，立即放下碗筷去帮忙推餐车，取水杯，安抚客人。这时，两个吃完早

餐的客人想喝咖啡，一见咖啡没了就很生气。车经理见状，马上满脸笑容地解释："不好意思，咖啡正在制作之中，很快就可以上来。如果你们急着赶路，不知道可不可以给你们送杯热茶？"客人见到车经理真诚的道歉，就说："那就上两杯茶吧！"

车经理以最快的速度，微笑着给他们端来热茶，并再次向他们道歉。一个客人看了车经理一眼，说："看样子，你不是服务员吧？"。车经理微微一笑，说："我是营销部经理，这是我的名片"。客人看了名片，惊讶地说："你是营销部经理呀？这里的服务不是你的职责吧？"

车经理笑着说："想客人所想，急客人之所急，是我们酒店的服务理念。上到老总，下到普通服务员，见到客人需要帮忙，都不分部门，不分职位，全力以赴，帮助客人。"

客人听了马上转怒为笑，其中一位客人还竖起了大拇指。

其实，在存在矛盾和冲突时，幽默往往会起到令人意想不到的作用，给原本剑拔弩张的局面注入一直难过轻松诙谐的氛围，一句幽默的言语也能化解人的满腔怒气，使人平静下来。

八、意见可以提，但要幽默一点

生活中，人与人之间难免会有不同的看法，这时最好以商量的口吻提出自己的意见或建议，语言得体是非常有必要的。尽量不要使用"你从来也不思考……""你总是弄不好"这类绝对否定对方的措辞。

提意见最好能用幽默的语言委婉地表达，这不仅能使对方在笑声中思考，还能让对方愿意和你做朋友。

一名女员工星期一上班又迟到了。负责考勤的男员工问她："小姐，星期天晚上有没有时间？"

"当然有，先生!"姑娘笑着回答。

"那就请您早点休息，免得您每个星期一早上上班都迟到!"

负责考勤的男员工对女同事的提醒是善意的，又以幽默委婉的方式表达出来，女员工自然会更乐于接受。

每个人都有自尊心，如果我们伤害了他人的自尊心，必然会引起对方的反感。在向他人表达出自己的想法和要求时，我们应该有一个真诚的态度，让对方觉得我们是希望得到合作，而不是故意在挑刺。

我们与他人发生争执，如果言语不注意，有时会搞得不欢而散，甚至使双方心生芥蒂。发生了冲突或争吵之后，不管能否妥善处理，总会在心理、感情上蒙上一层阴影，给日后的相处带来障碍，最好的办法还是尽量规避它。我们可以委婉地表达对他人的意见，运用幽默的方式避免直接"交火"。

妻子对丈夫说:"你经常说梦话，还是去医院检查一下吧，万一是有什么疾病呢?"

丈夫却笑着回答:"还是不用吧，要是治好了这病，我就没有一点说话的机会了。"

妻子本是从关心丈夫的角度出发，实实在在地劝丈夫看医生，而丈夫装作不懂，把话题引到妻子话多的问题上，说梦话是生理疾病，说话多是心理习惯，丈夫以虚对实的幽默表达着他的意见，妻子能在幽默里领悟到丈夫的潜台词，幽默让生活充满情趣。

通过幽默的语言，提出你的意见，不仅能让对方乐意接受，还能给你带来很多意想不到的好处，能化矛盾于无形，让彼此的关系更进一步。

九、幽默要适度，别掉入六大陷阱

俗话说:"一句话能把人说笑，一句话也能把人说跳。"幽默也是同样的道理，要说的合理，就要掌握技巧，不要掉入陷阱之中。幽默不是雕虫小技，而是智慧和情感的体现，是一门科学，也是一种艺术。无规矩不成方圆，同样玩笑开的过火也会惹是生非，幽默也要注意分寸和时机问题。

要注意，不要挖苦和嘲笑别人，不要去模仿别人的动作和讲话来加以取笑；不要唠唠叨叨，说个没完，幽默的语言应该是很精练的；不要一味滑稽、俏皮，无止境的幽默。

幽默还要把握好时机。一旦你发现你这种幽默能令大家高兴，或者把别人带到愉快的气氛里，你就毫不犹豫地表现出来。一旦发现周围的气氛不适合幽默，就要收住。

这天，蒋鑫走进机场候机厅，在 3 号门的座位上等待登机。突然，他听到广播通知，"很抱歉，为您带来不便……某某航班改从 4 号门登机。"蒋鑫听到后，急忙拎起行李到 4 号门。

没过几分钟， 广播又通知，某某航班还是从 3 号门登机。蒋鑫只好再次收拾行李，回到原来的登机口。蒋鑫正纳闷呢，这时，只听广播里传来一个甜美的声音："亲爱的乘客，感谢您参加某航空公司的愚人节特色有氧健身活动。"

听到广播后，包括蒋鑫在内的许多乘客顿时哈哈大笑起来。

如果这天不是愚人节，相比不但收不到幽默的效果，还会使乘客愤怒至极。可见，幽默只有在适当的时机中表现出来，才能达到最佳的效果。幽默不是随时都可以抛洒的，随着文明的进步，生活经验的积累，人们越来越清楚地认识到：幽默话要适度，超越分寸，有时变成油腔滑调，令人生厌；有时变成狂言，而受人指责。

有时候，开个玩笑可以调节紧张的气氛，玩笑亦能缩近两人之间的距离。但切记开玩笑时不可过分，这会降低自己的人格。

幽默是生活中的清醒剂和润滑剂，因为有了幽默调侃，生活才变得有趣和生动。可生活中就偏有那么一些人不懂幽默技巧，从而掉入陷阱，得不偿失。

1. 迫不及待

古语有云："妙在水到渠成，天机自露，我本无心说笑语，谁知笑语逼人来。"幽默同样是如此，只有在充分的铺垫后才能厚积薄发，千万不能急于求成。

有些女人积攒了很多的笑话和俏皮语言，但千万不要为了体现你的幽默，而不加选择地一个劲儿地倒出来。语言的滑稽风趣，一定要根据具体对象、具体情况和具体语境来加以运用，而不能使说出的话不合时宜。否则，不但收不到谈话应有的效果，反而会招来麻烦，甚至伤害对方的感情、引起事端。

因此，如果你现在有一个笑话，不管它多么风趣，但是如果它有可能会触及到对方的某些隐痛或缺陷，那么你最好把它咽到肚子里，不说为妙。

2. 自乱阵脚

当你在讲述某件趣事时，应当沉住气，不要急于显示结果，要以独具特色的语气和带有戏剧性的情节显示幽默的力量，在最关键的一句话说出之前，应当给听众造成一种悬念。假如你讲话时自乱阵脚，迫不及待地把结果讲出来，或是通过表情与动作的变化显示出来，幽默便失去效力。

3. 不讲技巧

当你说笑话时，每一次停顿、每一种特殊的语调、每一个相应的表情、手势和身体姿态，都应当有助于幽默力量的发挥，使它们成为幽默的标点。重要的词语应加以强调，利用重音和停顿等以声传意的技巧来促进听众的思考、加深听众的印象。

4. 幽默过多

有些人在交谈时，运用幽默过多，常常是笑话接笑话，连篇累牍，就像连珠炮一样。这样一来，谈话内容往往会脱离主题。对方听起来，也会感到云山雾罩，不知道你究竟要说什么，甚至认为你在向他展示幽默才能呢！

5. 缺乏控制

最不受欢迎的幽默，就是在讲笑话之前和之中或是刚讲时，自己就先大笑起来。自己先笑，只能把幽默给吞没了。最好的方式是让听众笑、自己不笑或微笑。这就是说，采取"一本正经"的表情和"引入圈套"的手法，才是发挥幽默力量的正确途径。

6. 虎头蛇尾

在每次讲话结束的时候，最好能激发听众发自内心的笑容。不妨试一试，用风趣的口吻讲个小故事或说一两句俏皮话、双关语或幽默祝愿词，都是很妙的结尾。总之，你要设法在听众的笑声中说"再见"，让你的听众面带笑容和满意之情离开会场。

幽默是良好心态和成熟心智的自然流露，有幽默感的人自然会受到大家的欢迎，但若为了幽默而幽默，则很容易跌入幽默的陷阱。

如果不把握幽默的分寸，必将损害自己在别人心目中诚实、庄重、可信的形象，减轻自己在别人心目中的分量，甚至直接影响到两人之间关系。因此，一定要掌握幽默的技巧。

第六章
CHAPTER 06

得到他人认可，聪明女人的说服技巧

　　说话人人都会，但是想说服别人就不是一件简单的事了。真正的语言艺术不是在言辞上驳倒对方，而是让他人心中认可你所说的。说服他人不只是一种艺术，其中还深藏着大学问，只有掌握一定的方法才能让你的说服收到实效。

一、说服别人，先从训练口才开始

对于一个职场达人来说，出众的口才非常重要，口头表达是别人无法代替的"金字招牌"。因此，说服别人的能力，是女人在成就事业的过程中一项重要的真本事。

一个女人只有拥有好口才，才能明确地表达出自己的意图，剖析对方的处境，从而达成双边协议，为自己争取最大的利益。

说话人人都会但不是每个人都有好口才。好口才的标准有以下几点：

（1）普通话好，发音准确。如果大家都听不明白你在表达什么，何来对话；

（2）声音条件好，说话有磁性。能富有感染力地号召他人听你在讲什么；

（3）要有丰富的知识储备，这样才能明确地表明你的中心思想；

（4）讲话时有活力，语言态势、表情都要用到位，因为你的交流沟通不是在进行木偶表演；

（5）有自信心，不害怕讲话，不害怕交流，勇敢地说出自己的意愿或目的；

（6）讲话要有逻辑性、连贯，争取一气呵成，不给人云里雾里的印象；

（7）要有随机应变的能力。不是每场演说或是沟通你都能提前准备好，也不是对方的所有回答或者提问都在你的意料之中，所以要有临场应变能力。

好口才的标准虽然严苛，但通过训练是完全能够实现的。通过以下的训练法，你就能拥有好口才：

1. 快速朗读

要想口齿更加流利可以练习快速朗读。先找到合适的文章进行朗读，第一遍速度稍慢，因为要对文章进行了解并找出有困难的地方进行矫正。当熟悉文章后，要快速地朗读，而且速度要越来越快，达到你阅读的极限为止。

即便是快速朗读，对自己的语音、语调、吐字发音也不能疏忽，要快而不乱。不能因为速度而把质量丢下，要无比严格地要求自己，这样才能在训练之后达到口齿伶俐、发音清晰的效果。

在此过程中，你也可以将自己朗读的声音进行录制并监听，不论出现什么问题都要及时进行总结并改正。

速读法的优点是不受时间地点的限制，没有人员的要求。只要你想，可以在任何时间、任何地点进行朗读，并且无需他人的配合或帮助。

2. 背诵法

"背"的目的在于记，即增强你的记忆力；"诵"的目的在于表达。如果你记住了一篇文章，并能够理解其意思，在"诵"的过程中就能够声情并茂地表达出来。背诵法需要经过以下的步骤：

（1）挑选出合适的文章；

（2）对文章所表达的情感以及意蕴加以分析和理解，感受作者所想要表达的思想感情，并调动自己的思想感情，努力做到感同身受；

（3）对文章进行处理，找出重点，划分停顿；

（4）在准备工作都已经做好的条件下进行背诵，可以先将文章背下来，在背熟了的条件下进行朗读，使自己对作品有更深刻的认识，同时也要矫正发音；

（5）背诵时要声情并茂，准确地背，准确地发音，准确地表达情感。可以说，背诵法的秘诀就在于一个"准"字。

3. 复述法

复述法简单地说就是重复别人的话，其目的在于锻炼你的记忆力和反应能力，并且还要注意语言的连贯性。

复述法的重点在于"述"，主要锻炼语言的连贯性。在进行练习之前，一定要挑选适合自己的文章，便于自己对文章的记忆和复述。

第一遍，只要把文章的基本情节复述出来就可以；第二遍，在此基础上要求你能够还原一些人物对话和环境描写；第三遍，要求你能够基本准确地将人物语言和描写语言进行还原。

训练时不要心急，一开始就选择句子较长、情节较少的文章进行复述，不利于你的训练，容易打击你的自信并增加你的训练难度。"欲速则不达"，要逐步地提高才能将地基打稳。

4. 模仿法

生活中，我们经常模仿身边的人，模仿无处不在，在模仿的过程中你也在进行学习。

在训练口才时候，我们也可以进行模仿。我们可以模仿专业人士，将播音员或者讲解员的声音进行录制，供你进行模仿；也可以进行专题模仿。

在模仿中要注意到被模仿者的声音、语调、语气、语速甚至动作的变化，起承转合，力求模仿得准确，并达到超过对方的目的。模仿的时间长了，不仅能增强你的表达能力，而且能增加对各行业各种知识的了解，增加你的词汇量和知识储备量。

模仿法不仅简单易学，而且模仿的过程充满了趣味性，见效也非常快。

二、站在对方的立场上进行说服

生活中，经常可以看到有些女人在说服他人时语无伦次、喋喋不休地讲个没完，而她想说服的对象却一头雾水，不明其所以然。词不达意和过多的言辞，不但不能说服对方，反而会令对方更加厌烦。

想要说服他人，不应该是争辩和喋喋不休，而是站在对方的立场想问题，这样才能让对方更乐意同意你的观点和想法。

吴丽曾在某大旅馆租用大礼堂讲授课程，新季度刚开始，吴丽就接到通知，要她付比原来多 3 倍的租金。但是接到通知之前，入场券已经发出去了，其他准备开课的事宜都已办妥。经过仔细考虑，两天后，吴丽去找经理了。

吴丽说："接到你的通知时，我有点震惊。不过这不怪你。假如我处在你的位置，或许也会写出同样的通知。你是这家旅馆的经理，你的责任是让旅馆尽可能多地赢利。"

紧接着，吴丽给经理算了一笔账："如果大礼堂出租给办舞会、晚会的，那你可以获大利了。因为举行这类活动的时间不长，短时间内就可获利丰厚。但是你要知道，这个训练班将吸引成千的有文化、受过教育的中上层管理人员到你的旅馆来听课，对你来说，这难道不是起了不花钱的广告作用了吗？"

"事实上，假如你花 5 000 元在报纸上登广告，你也不可能邀请这么多人亲自到你的旅馆来参观，可我的训练班给你邀请来了。这难道不合算吗？"讲完后，吴丽告辞了，"请仔细考虑后再答复我。"

当然，最后经理让步了，取消了增加租金的要求。

案例中，吴丽就是站在经理的角度想问题，把增加租金的弊端与保持租金的好处清楚地表达了出来，成功说服了旅馆经理打消增加租金的念头。

有些女人对于自己不认同的观点，往往会选择唇枪舌剑，以为把对方的意见驳倒后就说服了对方，却不知道别人心里还藏着什么疑难未解之处。

这样的"说服"，只是口头上的说服，心里并没有服。别人口服心不服，就不能算是说服。别人对你的话没有心服，就不会按照你的话去做。因此，我们应该站在对方的角度上进行说服。

想让他人改变一个观念，接受一种新的思想，对方并不会轻信于你。每个人都有一定的世界观和价值观，所以只有站在对方的立场上，才可能真正理解对方的行为，也才可能实施有效的说服工作。

三、绕个弯子，利用权威效应说服对方

权威效应，又被称为权威暗示效应，是指如果一个人地位高、有威信，就会受人敬重，而他所说的话以及所做的事情就很容易引起别人重视，并让他们相信其正确性，即"人微言轻、人贵言重"。

尊重权威、崇拜权威是我们大多数人的心理，谈话时我们可以利用人们的这一心理去说服他们。在我们现实生活中，利用"权威效应"的实例很多，比如在广告时请权威名人赞赏某种产品，在辩论说理时引用权威人士的话作为论据等。

1. 借助专家的言论

在日常交际中，我们利用"权威效应"能够达到引导或改变对方态度和行为的目的，借助"权威言论"来影响其心理。

生活中，比如，很多健康专家认为，晚上身体往右侧睡才是最健康的睡姿。于是，当你在向朋友或家人证实这言论的真实性的时候，可以这样说"健康专家都这么说，难道还有假？"

相传，南朝的刘勰写出《文心雕龙》后由于无人重视，他想请当时的大文学家沈约审阅，沈约却不予理睬。后来他装扮成卖书人，将作品送给沈约。没想到沈约阅后评价极高，于是《文心雕龙》成为中国文学评论的经典名著了。

2. 借助位高权重人士的言论

在说服他人时，也可以借助位高权重人士的言论绕个圈子，让自己的语言更有力。

比如，最近几年国家经济飞速发展，但物价也猛涨，对此国家相关权威人士表示会抑制部分的经济泡沫。于是，在平日闲聊中，邻居大妈可能更愿意相信物价不跌反涨，你就可以搬出权威人士的话，"央行行长都发话了，要出台一系列措施，抑制物价……"

3. 借助行业权威人士的言论

一般而言，在某些方面有很深造诣并取得瞩目成就的行业权威人士往往更容易让人信服，因为人们更愿意认同行业权威人士的言论。在绝大多数情况下，当某位行业权威人士发表观点时，大家很少去怀疑甚至反对。当然，在这时候人们所相信的并不是某个人本身，而只是他的头衔，他们相信以他的地位、权势所说的话一定是真实的，值得相信的。

广州当地一家小有名气的小企业为了扩大市场，决定招募各省会城市的代理商。在谈判桌上，该企业经理十分谦虚地说："我们虽是小企业，却得到了商界人士的青睐，上次我带着产品去香港参加展销会，就连李嘉诚对咱们的产品也赞不绝口。"

对方一听李嘉诚的名字，想都没有想就签下了代理商的合约。

李嘉诚作为商业中的权威人士，如果他都大加赞赏某企业的产品，那自然是再好不过的"产品认证书"了。

4. 借助上司的言论

在工作中，必要时我们也可以借助上司的言论对事情进行说明，即能表明立场，又能不惹同事怨言。很多时候我们不知道该如何拒绝，可以借助上司的言论进行拒绝。比如，"前几天经理刚宣布过，不准任何顾客进仓库，我怎么能带你去呢"或"这件事我做不了主，我会把你的要求向领导反映一下，好吗"。

四、八大细节掀波澜，让你更有说服力

女人如果想怎么说就怎么说，往好了说是直来直去，个人性格直爽；往坏了说是不懂礼数，容易利剑伤人。人际交往是门学问，有时甚至比能力还要重要。而说服是我们在人际交往中经常会遇到的，说服就像是一次旅行，在未尝试之前很难预见它的结果。

芭芭拉乔丹说："如果你想把游戏玩好，你最好先了解游戏规则。"说服他人也是一样的道理，要想说服他人一定要注意语言技巧，巧用细节掀波澜。

1. 不要说"但是"，要说"而且"

一堂销售课上，培训师在上边讲授知识，有些学员却低头玩手机。

这时培训师说："我发现今天来上课的都是帅哥、美女，又很聪明，是我遇到的最好的听众，但是……"，听到但是，你会有什么感觉？前面的话让你飘上天，一个"但是"，瞬间就感觉掉下来了。

如果换一个说法："我发现今天来上课的都是帅哥、美女，又很聪明，是我遇到的最好的听众。而且，如果你们能放下你们的手机会更好"感觉又是怎样？

尽管前面说了很多好话，把对方抬得很高，一讲"但是"就把对方打了下来，这时就算你不再开口说话，也已经得罪人了，前面的话都变成了废话，甚至是假话。

用"而且"前面抬得再高，这位置依然存在，如果前面是你注重的价值，"而且"之后，你也会同样去注重后面要说的价值，两者高度是一样的，并不会让人感觉很不舒服。

2. 不要说"老实说"，会让人觉得你不老实

有些人在说服他人时，总会用到"老实说"，但这样给人的感觉反而是不老实。比如，公司开会的时候对各种建议进行讨论，你对一名同事说："老实说，我觉得……"在别人看来，你好像在特别强调你的诚意。你当然是非常有诚意的，

可是干吗还要特别强调一下呢？所以你最好说："我觉得，我们应该……"

3．不要说"仅仅"

在一些会议上，我们也会提出自己的观点和建议。如果你说的是"这仅仅是我的一个建议"，那就错了。请注意，这样说是绝对不可以的！简单一句话，你的想法、功劳包括你自己的价值都会大大贬值。本来是很利于合作和团体意识的一个主意，反而让同事们只感觉到你的自信心不够。这时最好的说法是："这就是我的建议。"

4．不要说"错"，要说"不对"

开会时，一位同事不小心将水洒在了一项工作计划书上，正在向总裁道歉。你当然知道，他犯了错，惹恼了总裁，于是你对他说："这件事情是你的错，你必须承担责任。"

如此一来，你会让现场气氛更加尴尬，并且会引起对方的厌烦心理。出现这种情况时，我们的目的是调和双方的矛盾，避免僵持不下，发生争端。因此，你的否定态度要表达得委婉一些，实事求是地说明你的理由。比如说："你这样做的确是有不对的地方，你最好能够为此承担责任。"

5．不要说"本来"

有时我们与他人对某件事情各自持有不同看法，但是在表达时，如果你轻描淡写地说道："我本来是持不同看法的。""本来"一个看似不起眼的小词，不但没有突出你的立场，反而让你没有了立场。类似的表达方式还有"的确"和"严格来讲"等。所以在这种情况下，我们不妨干脆直截了当地说："对此我有不同的看法。"

6．不要说"务必"，要说"请您"

当经过长时间的辛苦努力，大家终于把你负责的任务完成。在高强度的工作状态下，如果这时你对大家说："你们务必再考虑一下……"这样的口气恐怕很难带来高效率，反而会给别人压力，使他们产生逆反心理。但如果反过来呢，谁会去拒绝一个友好而礼貌的请求呢？因此，最好这样说："请您考虑一下……"

7. 不要说"首先"，要说"已经"

工作中，我们经常要向上司汇报工作的进展情况。如果对上司说："我必须得首先熟悉一下这项工作。"想想看吧，这样的话可能会使老板觉得，你还有很多事需要做，绝不会觉得你已经做完了一些事情。这样的讲话态度会给人一种很悲观的感觉，而绝不是乐观。

因此，在汇报工作进展的时候，建议你最好是这样说："是的，我已经相当熟悉这项工作了。"或者直接向上司汇报已经掌握或完成的工作。

8. 说"几点左右"，要说"几点整"

在与他人约定时间的时候，时间一定要定准，切忌不要说"几点左右"，这样模棱两可的时间，会给对方留下非常糟糕的印象。

如果约对方见面，"几点左右"让对方如何决定，对方到早了空等着，对方到晚了又觉得不好意思。因此，在约定见面或通话时间时应该确定为几点整。这样会给人严谨、准时的印象，同时还能节省大家的时间，避免出现误会或尴尬情况。

五、成功说服，四步轻松搞定

苏格拉底说："世界上存在这样一种成就，它能够帮助自己带来辉煌，并受到世人的赞誉，就是说话时能够让人愉悦的能力。"

古时苏秦游说六国，仅用一张嘴，一篇纵横论，没有耗费一斗粮，没有派出一列兵，没有绷断一根弦，没有折损一支箭，而使得疆土广大辽阔，百姓团结友爱，王侯谋臣威严有势，而他终成六国之相。

在现今这个充满竞争力的社会，掌握熟练的说服之术，对于一个女人来说也很重要。

一天，卡内基同时接到两家研究机构的演讲邀请函，一时之间，他难以决定接受哪家的邀请。当分别与两家机构的负责人洽谈之后，他选择了后者。

洽谈中，第一家机构的负责人是这样说的：

"希望卡内基先生能够不吝赐教，向本公司的管理者传授说话的技巧。演讲的内容您可以自行斟酌决定，听众数量估计不超过一百人……万事拜托了！"

卡内基觉得，这位负责人的话语异常平淡，缺乏热忱，给人的感觉就是一种为工作而工作的，让人丝毫感觉不到热情，因此给他留下了相当不好的印象。

此外，对方既没有明确地说明究竟有多少人，也没有指示卡内基演讲要以什么为主题，要他如何准备呢？对此，卡内基肯定是没什么好感。

而第二家研究机构的负责人是这样说的：

"恳请卡内基先生莅临赐教，向我们传授一些中小企业管理者说话的诀窍。听讲人员是管理 100 名左右员工的企业管理者，预定人数为 80 人。此次演讲的主要目的，是希望让所有的与会者明白，不能用语言清楚地表达出自己，就无法成为优秀的管理者。希望您能将演讲时间控制在两个小时左右，内容锁定在：学好说话技巧的必要性、掌握好说话技巧的好处以及学好说话技巧的方法三个方面。希望您能给大家带来一场别开生面的演讲，万事拜托了！"

卡内基明显地感到第二家机构的负责人信心十足，明快干练，语言表达思路清晰，向自己传达了高度的热情。更重要的是，对方在卡内基提出问题之前就解答了所有的疑问，让他有了明确的准备目标，从而使他对于此次演讲也是非常期待的。由此可见，这种邀请的方式是很能带给受邀者好感。

显然，说服别人要讲究技巧，需要遵循一定的步骤，如同行军打仗一样，只有做到步步为营，才能稳重求胜。

1. 兴趣和注意力

说服的过程中，为了让对方认同自己的观点或想法，首先就是要将对方的注意力和关注点集中到自己设定的话题上。利用"这对你来说是非常有利的"、"这件事，你觉得怎么样"之类的话题吸引他的注意力，让他有兴趣并愿意继续听。

2．将自己的思想明确地表达出来

成功说服的关键因素就是能明白、准确、清楚地表达自己的思想。对方是否能够轻松听懂你的想法和计划，最重要的就是你如何运用语言技巧进行表达。

（1）将你所想表达的话题清楚、明白地表达出来，利用诸如"如此一来肯定能够使情况大有改善的！"之类的话，加深话题，以便让对方充分理解。

（2）为了让自己的表述更加生动，要善于运用比喻、举例等方法加深听者的印象。适当运用比喻和举例，能够使对方产生具体的印象，让枯燥抽象的道理变得简单易懂，使你想要表达的主题变成更加明确或为人熟知的事物。这样，就能在对方的脑海中产生鲜明生动的印象。

（3）说话的声音的大小、语调的高低、语速的快慢、停顿的长短、口齿的清晰度等都是不容忽视的。

（4）说服不只是舌尖上的事，所以，除了语言之外，你同时还必须通过适当的表情、肢体语言来做辅助。

3．以情动人

说服之前要准确掌握对方的心理，这样才能有效地打动人心。通过你说服的内容，了解对方对此话题是喜好还是厌恶，是满足还是不满，然后再顺势动之以情，晓之以理，诱之以利，告诉他按照你的建议做的好处，不断地刺激对方的激情和欲望，直到他跃跃欲试为止。

一般而言，人的思维和行动都是由意识控制的，就算受到他人或外界的干扰或强迫，也是不容被改变的。因此，如果想以口服人，必须意识到说服的主角是对方而不是自己。也就是说，说服的目的是借对方之力为自己服务，而不是要压倒对方，因此，以口服人一定要从感情深处出发。

4．为对方指出具体做法

做好了前面的准备工作，最后就可以告诉对方应该怎样付诸行动了。你要让对方清楚地明白他应该做什么、怎样做、做到什么程度最好等。到了这一步，对方通常就会很痛快地按照你说的去做了。

六、说服，讲究原则很重要

有位老人，他无儿无女又体弱多病，经过一番考虑后，他决定搬到养老院去住。在离开之前，他想将自己的住宅卖给有缘人，于是登出了广告。

由于老人的住宅地段不错，许多商人听说了都登门求购，争相出高价，很快住宅的价格从最开始的 6 万元上升到 10 万元。老人想着真的要离开这里了，心中却有诸多的留恋，家里的一切都是自己亲手布置的，它们陪着自己度过了几十年，彼此有了感情了。可是，又能怎么样呢？我不过是一个临死的老人，而它们需要换个主人了，老人心想着。

一天，一位衣着朴素的女人带着一个小孩敲开了他的门，女人说："先生，我很想买这座住宅，可是我只有一万元。"旁边的商人们笑着说道："一万元也跑到这里来凑热闹，你就买那个阳台吧!"

老人微笑着说："可是，我这房子的底价是 6 万元啊。"女人看起来并没有灰心，她真诚地说："如果你肯把房子卖给我，以后你可以照样住在这里，我们会陪你读报、喝茶、聊天，你的生活还是跟以前一样。"那个小孩抬起了稚嫩的小脸，一双灵动的大眼睛望着老人。

老人笑了，这不正是自己需要得到的吗？在商人惊诧的目光里，老人将钥匙交给了这个女人。

在说服中，为了实现目标可能采取的方法有很多，你的想象力越丰富，所能采取的方法也就越多。但是为了尽快达到说服的目的，我们需要选择一个最正确的方法。所谓"无规矩不成方圆"，说服中选择说服方法必须遵循一定的原则。

1. 说服方法与说服目标相互依存

一个缺乏正确方法的目标是毫无意义的。比如，你准备好了行李，要去远行，有很多交通工具可以选择：飞机、火车、船等，但是你却不知道自己究竟要去哪里。这个例子也许看起来有些荒谬，但是却非常形象地说明了没有目标的方法是毫无用处的。

目标与方法是相互依存的，你对目标的明确程度必然与你所采取的方法的明智程度有着必然的联系。此外，你对听众的需求与兴趣的熟悉程度也会影响你对方法的选择。一旦选择了正确的说服方法，它就会像一个救生圈一样为你的说服工作提供保障。

2. 说服方法因人而异

俗话说："见什么人，说什么话。"在说服别人的时候要做到因人而异，否则很难达到语气的效果。

一般情况下，说服因人而异要考虑以下几个因素：

（1）年龄的差异。说服年轻人，应该使用具有煽动性的语言；面对中年人，重要的是要为他们讲明利害，供他们斟酌；面对老年人，应该采取商量的口吻，表现出尊重的态度。

（2）性格的差异。如果对方是个性格直爽的人，便可以单刀直入；如果对方属于性格迟缓之人，则要循序渐进，"慢工出细活"；如果对方生性多疑，切忌处处直白，应该在不动声色中使其疑惑自消。

（3）职业的差异。尽量使用与对方所掌握的专业知识关联较紧的语言与之交谈，这样对方对你的信任感就会大大增加。

（4）文化程度的差异。一般来说，对文化程度不高的人应采取简单明确的方式，尽量多使用具体的数字和例子；对文化程度较高的人，可以采取抽象的说理的方法。

（5）性别的差异。对男性，应该采用直接、较强有力的语言；对女性，则应该采用温柔、委婉的口吻。

3. 使用对方熟悉的语言

说服这件事，仔细研究起来，是非常复杂的。有时，可能只是因为用错了一个字，就会无端引起对方的反感甚至恼怒。在我们生活的社会中，各个阶层、各种宗教、各种信仰的人，他们各有一套习惯用语，一套说话的习惯。说服高手对这方面的知识是非常看重的，他们明白，要想和别人建立更深的关系，把握对方惯用的语言是一条捷径。

4. 及时调整自己的说服方法

语言是很奇妙的，同样的内容，可以用多种不同的方式来表达。在说服过程中，要随时关注对方的反应，发现对方表现出迷茫不解，或不以为然的表情时，我们要立即顺风转舵，改变初衷，变换一种更好的方式。说服中，我们要随时反省自己：我说的话对方能接受吗？说出的话是太直白了，还是太含蓄了？是讲得太深奥了，还是讲得太肤浅了？是将问题分析得太复杂了，还是太简单了？使用的词语是太文雅了，还是太粗俗了？

第七章
CHAPTER 07

锦言妙语，职场达人的升迁之道

　　女人要想成为职场达人，好口才是很重要的。锦言妙语会给你加分，你说话时要注意态度，既不能高谈阔论，也不可婉转如簧，而应以忠实见长，朴实无华，直而不曲。话语虽简单，但言必中的，给人以忠诚可信的印象。

一、职场女性，小心祸从口出

古人说：吉人之言少。对于职场女性，尤其是新人来说，初来乍到最好少开口，以避免言多有失。

沉默寡言的女人固然给人不合群、孤僻的感觉。但是与喋喋不休的女人比起来，后者更令人讨厌。作为新来的办公室女性，说话要有分寸，要明白有些话可以说，有些话不能随便说。所以，会说话的女人善于言谈却也懂得适可而止，该保持沉默的时候就保持沉默。

公司的市场经理胡灵来售后部指导工作，晚上请同事一起吃饭。吃饭的时候无意间谈起刚刚离职的售后部组长张扬，职场新人徐冉心直口快地说张扬为人不好，爱发脾气，总是刁难下属。胡灵问："是吗？她是不是因为工作压力大才会如此啊？"徐冉说："才不是呢，我看她是心理变态，三十多岁的女人嫁不出去，既没结婚也没男朋友，老处女都这样。"

听到徐冉这么说，胡灵脸色有些难看，刚才还争相发言的人都闭上了嘴巴，徐冉看得一头雾水。因为，除了徐冉，那些老员工都知道：胡灵也是待字闺中的老姑娘！幸好一位同事及时扭转了话题，才没有冷场。事后老员工告诉徐冉真相，她也因为那句话而懊悔不已。

有一句话叫作"祸从口出"，在和同事交往中一定要把好口风，什么话能说，什么话不能说；什么话可信，什么话不可信，都要在脑子里多绕几个弯子，心里有个小算盘，这样才能够与大家和谐相处，避免犯下不可挽回的错误。

所以，新来的职场女性一定不要信口开河，因为你刚来公司，对很多情况不熟悉不了解，自以为是的发言，会给你带来不可弥补的失误，甚至会给你以后的职场道路埋下隐患。

古人告诫我们"言谈莫论人非"，我可以将其深化为"言谈莫论人"，因为少了一个"非"字，也就少了失言的机会。

只要人多的地方，就会有闲言碎语。有时，你可能不小心成为"放话"的人；有时，你也可能无意中成为别人"攻击"的对象。在职场中，切忌在背后说人闲话，就像噪音一样，影响人的工作情绪，同时也影响你的人际关系。

职场女性要切记，办公室中一句话不慎就有可能引来一场是非。所以在办公室说话要讲究技巧，该说的说，不该说的不要说，以免招来麻烦，给自己的工作带来影响。

二、女人要善于用自嘲化解尴尬

在烦琐的生活中，每个人都不可能总是一帆风顺，偶尔也会有不尽如人意的时候。遇到这种情况，如不妥善处理，就会积怨斗气。聪明的女人懂得化解这些矛盾的有效方法就是自嘲。

自我解嘲可以缓解紧张的人际关系，表现出自嘲者幽默风趣的个性和智慧。其实在这种情况下，自嘲者的本意又往往并非自我嘲弄，多是"醉翁之意不在酒"，言在此而意在彼。在人际交往中，自嘲可以化解尴尬，一句自嘲让自己摆脱窘境。

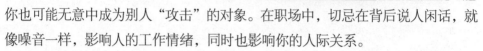

田贞是位作家，经常熬夜写稿子。一次，她和几个熟识的同人举行交流会，因为前天晚上写稿到很晚，在开会时就睡着了。渐渐地，她打起了呼噜，逗得其他人哈哈大笑。她醒来后，一位同人笑着说："你的'呼噜'打得太有水平了。"她立即接茬道："这可是我的祖传秘方，高水平的还没有发挥。"

如此在大家的哄笑声中替自己解了围。当众打呼噜本来是十分不雅的行为，但田贞却利用自嘲，巧妙地化解了尴尬。

当交谈陷入窘境时，逃避他人的嘲笑并不是好办法，怒不可遏地反唇相讥也会使情况更糟糕。反而自嘲自讽，更显超脱，显得豁达和自信。这种超脱既使自己摆脱了"狭隘的自尊心理束缚"，又堵住了别人的嘴巴。

著名的女主持人杨某，曾被邀请到广州市的一次大型文艺晚会担任主持人。杨澜在报幕退场时，不小心从台阶上摔了下来。在这种大型场合出现如此情况，着实令人尴尬。

但她非常沉着地站了起来，凭着她主持人特有的口才，对台下的观众说："真是马有失蹄，人有失足呀。我刚才的狮子滚绣球的节目还不熟练吧？看来这次演出的台阶不是那么好下呢！但台上的节目会很精彩的，不信，你们瞧他们。"

这段自我解嘲式的即兴话语，不仅让她摆脱了尴尬，也赢得了观众更为热烈的掌声。

生活中，有些女性过于害羞，一遇到尴尬的事情，便会不知如何是好，甚至会选择匆匆离开令自己尴尬的场合。其实，一旦因为失误将自己置于尴尬的场合时，最聪明的办法就是自嘲，多些调侃，少些遮掩。

但自嘲也需要十足的勇气，一个敢于自嘲的女人一定非常自信。一些交际场合，运用自嘲可以增添乐趣，融洽气氛，增进彼此的了解和友谊。

因此，在与人相处的过程中，女人要学会自嘲，用自嘲来缓和矛盾，用自嘲来赢得对方的好感。

三、千万别替上司做决定

一些职场女性因为能力比较强，总是自以为是，不管是在同事面前还是上司面前都不懂得收敛。与上司相处，自作主张是大忌，无论何时，只要上司没有授予你某件事的权力，千万不要越权替上司决定任何事情。

职场新人也经常犯这样的毛病，在不该说话的时候说话、不该做主的时候做主。职场女性必须要明白，无论你帮上司管了多少事，他毕竟还是老板，许多事情得由他来做主。

任佳在一家杂志社供职。之前一位作家接受了杂志社的采访，杂志出来以后，这个作家收到了一本，但他想多要几本送给朋友，便给杂志社主编打电话。由于主编有事外出，任佳便接了电话。"麻烦你转告主编，我希望多要几本这期杂志。" 任佳爽快地答应道："这个啊，没问题！您直接派人过来取就可以。"

正当作家打算去取杂志时，接到了主编的电话："对不起！刚才我不在，杂志收到了吧？我刚才派人给你多送了几本过去。"寒暄几句之后，主编说："可是，我想知道是哪位小姐说您可以立刻过来取的？"作家很奇怪，问道："有问题吗？""当然没问题，您要十本都可以，我只是想知道，是谁自作主张。"

可想而知，自作主张的任佳不仅受到上司的责备，她在主编心中的印象也大打折扣。

当他人点名要找你的上司，作为下属你应当做的是代为转告，而不是自作主张。对于这种事情，上司当然会感到反感。

上司反感下属的自作主张，并不是因为他擅作主张给工作带来的损失——通常说来，这种损失是微小的。上司真正在意的是下属越权行事的行为，以及这种做事风格所反映的下属心中对上司的重视程度。

尽管下属并不是不重视上司的存在，但如果下属做出越权的行为，在上司看来，就是对自己的不重视，而且会认为你的工作经验和能力欠缺，办事不稳妥。职场上，老板就是老板，下属就是下属，不要自以为你有能力，就可以越俎代庖，真正的好下属要懂得什么时候该说什么时候该做！

　　老板喜欢的是那些谦虚好学的下属，而不是自以为是、自作主张的下属，聪明的下属要把自己的想法以最佳的方式透露给他，从主动地提议变成被动地接受。忌急躁粗暴，多倾听和征询老板的意见和建议，少做一些不容辩驳的决定和争论，即使你可能是对的。即使对待能力不强的上级，同样要保持尊重，不擅自行动和做决定。

　　职场上，你必须时刻牢记一条：上司永远是决策者和命令的下达者，无论我们有多大的把握相信自己的判断力，无论你代替上司决定的事情有多么微小，都不能忽略上司同意这一关键步骤。

四、功劳面前要学会低头说话

　　女人在职场中，不要以为自己立了功，就有了骄傲的法宝和资本。立了功，的确说明你是有才华、有智慧的，可是你绝对不能居功自傲，在上司和同事面前，更要看轻自己的功劳。

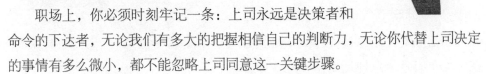

　　王巧在一家公司做策划，是一个很有才气的小姑娘，她对策划有着自己独特而不俗的理解，因此很受欢迎。前一段时间得到过一次创意奖，为此她很兴奋，逢人就自我夸奖一下。但过了一段时间，她就觉得不对劲了，因为最近她的上司和同事都在疏远她，也不知道自己哪里得罪他们了。

　　她把自己的苦恼向一个朋友说了，朋友在了解清楚她的情况以后，指出了原因。王巧得了创意奖，受到了领导的表扬，并且夸她非常有做高级策划的潜力。问题是她并没有在现场感谢上司和同事们的协助，之后还逢人便说一下自己的成就，这自然让她的同事们耿耿于怀。从此以后，便疏远她了。

遗憾的是，王巧对朋友的分析不以为然，结果三个月后就因为待不下去而辞职了。

居功自傲会非常惹人讨厌，无论我们有多大的功劳，都离不开上司和同事的帮助。如果我们因为功劳而不将上司和同事放在眼里，那么很快我们就会被踢出局外。每个人都不喜欢那些在自己的面前摆谱的人。

要低调地对待自己所获得的荣誉，首先我们应该以谦虚的姿态示人。人往往一有了荣耀就忘了我是谁而自我膨胀，这种心情是可以理解的，但旁人就遭殃了。他们要忍受你的嚣张气焰，却又不敢出声，因为你正在风头上；可是慢慢地，他们会在工作上有意无意地抵制你，不与你合作，让你碰钉子。因此有了荣耀，更要谦虚；别人看到你的谦虚，会说"她还蛮客气的嘛"，当然就不会找你的麻烦，和你作对了。

再就是学会把自己的成功与他人分享，口头上的感谢是一种分享，这种分享可以无穷地扩大范围。另外一种是实质上的分享，别人倒也不是非要分你一杯羹不可，但是你要主动地与他人分享，让他人有受尊重的感觉。如果你的荣耀事实上是众人鼎力协助完成的，那么你更不应该忘记这一点。分享了你的荣耀，受到你的尊重，大家今后的关系会更加融洽。

最后，我们应该具有感恩之心，感谢同事的协作，尤其要感谢你的上司，感谢他的提拔、指导、授权。在日常生活中。我们经常可以看到一些颁奖礼上，那些获奖人在上台领奖时都要感谢一大堆人，道理就在于此。这种感谢会让听到的人心里很愉快。

作为公司的一员，一定要把荣耀的鲜花戴在团队的胸前，你付出了多少，他人心里自然清楚得很。你的感谢，意味着你对同事的尊重。如果你习惯独享荣耀，那么总有一天你会自讨苦吃、独吞苦果的。

"低头"做人，不是屈辱，不是怯弱，是一种本事、能耐，是一种人格自修，它是理性处世的一种嬗变门道。

有人问苏格拉底："天有多高？"苏格拉底答道："三尺。"问者笑道："人且已高五尺，岂不是要把天捅个窟窿吗？"苏格拉底说："所以，凡是高度超过三尺的人，要长立于天地之间，就要懂得低头。"

苏格拉底懂得"低头"做人，虚心学习，终于成为古希腊伟大哲学家，被尊崇为追求真理而死的圣人。

低头，是为了大局利益，个人低头是有气度、有权谋的表现。

低头，是立于天地间做人的本事，是适应环境，谋求发展所必需的能耐，是修身养性的内功，甚至是韬光养晦的谋略。

这个低头，不可与软弱、卑劣、屈服相提并论。

聪明的女人在功劳面前要低头说话，不需要目空一切，自以为是，孤芳自赏，我行我素的"傲气"。

五、给老板个理由，让你"薪"想事成

许多职场女性觉得自己的能力、业绩都在别人之上，想说服老板为自己加薪。如果你有把握让老板知道你值得加薪，那么不妨大胆地提出要求，但一定要注意方式，以成功说服老板。

对于薪酬，大多女性都是含蓄的，即便对自己的工资不满意，也不敢直接提出来。其实，提请加薪虽然是一着险棋，弄不好会被"扫地出门"，老板也会对你"另眼相看"。但如果你善开"金口"，向老板提出加薪也远没有我们想象的那么可怕。

总体来说，想老板给自己加薪，一定要选择恰当的时机提出。要说服老板，不仅需要你底气十足，还要掌握一定的技巧。

沈丽到一家外企工作，入职时人事部说试用期两个月，转正后会涨工资。可是转眼三个月过去了，她的工资没有丝毫变化。于是，她趁着给经理送资料的机会说："经理，有件事，我一直想问您一下。"

经理说："有什么话，你尽管说。"她说："我发现自己的工资与试用期期间没有变化，想问问是不是我的试用期已过而正式聘用的相关手续还没有办妥？"

其实，周丽知道人事部门已经给她办好了手续。经理听后没有什么特别的反应，而是认真地回答说要帮她问问。

第二天，经理就找到她，对她说："真是不好意思，其实你的工资上几个月就应该加上去了，只是财务上一时没办好手续，以后有什么事如果我忘了可以提醒我一下，不要有什么顾虑，按劳分配嘛。"

在你明知自己应该加薪的时候，老板没有给你加薪。不管老板是一时疏忽忘记了，还是故意忘记了，你都不妨提醒老板一下，让他既有机会，又有面子地给你加薪。

老板在加薪问题上总是能免则免，得过且过，你提了，他才会"想"到，若连你都不为自身利益着想，他才没空替你考虑。

总之，只要你认为加薪是合理的，你就有权提出。但提出加薪时最好是有技巧地同老板交流自己的想法，就算万一不被老板接纳，也不会给大家留下难堪，以致影响日后的工作。

向老板提出加薪需要注意以下几个方面。

1. 加薪要有理有据

成功说服老板给自己加薪的确不是一件易事，而且操作不好的话，也可能让老板对你产生坏印象，使你之后的工作不能顺利展开。

因此，在开口向老板要求加薪时，最好先制定一个谈话要点，然后有理有据展开。当老板意识到给你加薪有百利而无一害，甚至能憧憬到不久就能收获滚滚财源时，你的目的才能达到。

2. 时机要适当

向老板提出加薪，选择时机非常重要。如果你在公司遇到麻烦，老板心情郁闷的时候，向老板提出加薪，结果可想而知。最好的时机是当老板沉浸在成功的喜悦中，或是他的家人有什么喜事而使他轻松愉快的时候，你向他提出适当的要求他就比较容易接受。

3. 静听老板不同意加薪的理由

如果老板不同意为你加薪，肯定会解释暂时没有给你加薪的理由。这时，切忌表现出不高兴的样子，或闹情绪，甚至与之发生争执，一味坚持应该为自己加薪的理由，这样只会适得其反。你要心平气和地倾听，然后再寻找突破口。

六、从容进退，别将同事置于尴尬境地

如果现实生活中你善于为你周围的人解围、打圆场，那么，你就可以获得别人更多的赏识和信任，提升自己的人格魅力。

在社交活动中，总有人不可避免地会陷入尴尬境地，要是我们能为这些人提供一个恰当的"台阶"，使他们避免丢面子，这不仅能使你获得对方的好感，而且也能助你树立良好的形象。女人要懂得从容进退，为别人挽回面子。

某公司因为产品质量问题，引起广大关注。但是问题的原因，该公司还在进一步调查。可是很多记者闻讯赶到该公司采访，想要获得第一手消息。

当记者们在公司门口遇到总裁秘书时，便向她询问相关问题。但这位秘书怕自己承担责任，就说："我们总裁正在办公室，这个问题你们还是直接采访他比较好！"

听秘书如此说，记者们如汹涌的浪潮般闯入了总裁办公室，总裁躲也躲不开，不得不硬着头皮应对记者们的各种问题。

事后，总裁得知女秘书不仅没有提前向自己汇报情况，还轻易让记者进到办公室。总裁认为秘书的行为很失职，不久就将这位女秘书解雇了。

因为产品质量问题而被记者采访，这件事需要提前通知上司，获得上司许可再安排采访事宜。

作为下属此时不仅要给记者讲明问题的原因，更要极力

维护上司的面子和威信，而不应该将责任推到上司身上。若下属因怕担责任，将上司和同事置于尴尬境地，是一种非常失职的行为。

生活中女人要学会顾及他人的脸面，该把责任往身上揽的时候就要揽，一定要为团队着想。在必要的时候，要帮同事打圆场，将事情完美的解决，这样也会为你赢得良好的人际关系。

实际上，在各种场合，需要灵活应变地打圆场的事往往很多。有时要为自己的过失打圆场，有时要为上司的过失打圆场，有时要为他人的争吵打圆场。做好了，谁都好；做不好，不仅不能息事宁人，还可能火上浇油，扩大事态。

给对方面子，其实也就是给自己留下余地。常言道，退一步海阔天空。所以凡事都要有个度，即使是对方做错了，也不要把事情做绝了，给对方一个台阶下，也会让你前面的道路变得平坦。

所以女人在打圆场时，一定要用理解的心情，找出尴尬者陷入僵局的原因，想出好的圆场办法，最终达到"你好我好大家好"，硝烟开头，和气收场的目的。

七、办公室里，不该说时就不要说

最近，一种被称为"保密焦虑症"的怪病在白领中流行。据《信息时报》报道，在搜狐网络社区关于"保密焦虑症"的调查中，近半数网友坦言在办公室听过或讲过秘密，并为保密焦虑不安。

尽管我们每天高喊尊重隐私，但"我告诉你一个秘密，你千万别跟别人讲"仿佛像一道魔咒，总是牵引着我们的好奇心，接着又因为要守"秘密"而增添心理负担。而办公室秘密可能关系到你的前途，都是不能说的秘密。

要摆脱这种"保密焦虑症"，最直接的方法是不该说时不要说。与其把注意力放在关心别人隐私上，还不如把精力花在提高自我上。

如果你觉得可以和上司谈些隐私话题，并借此拉近距离的话，你就大错特错了。

吴晓琪刚入职场的时候比较天真，有一天去给上司交报表，在办公室门口不巧撞见上司在电话里和丈夫吵架的场面，她看到吴晓琪的时候两个人别提有多尴尬了，吴晓琪赶忙退出去，顺便替上司把门关上。其实到这里为止，吴晓琪都处理得很不错，可偏偏第二天在食堂碰到上司，吴晓琪多嘴地问了一句"没事了吧"，上司的脸色立刻变了。

吴晓琪不解，回去和同事提及此事，同事说：老板的隐私是不希望被员工知道的，况且你看到的又不是什么好事。不料，同事也是公司的大喇叭，平时也是八卦的人。改天全公司都知道上司和丈夫闹矛盾了。

秘密可以谈，但关键是怎么谈。不是所有私密话题都适合和同事分享，话题选择不妥当可能会给你造成一定的麻烦。也许你会给人留下不礼貌的印象，让人觉得你口无遮拦、办事不慎重。如果再被有心的第三者听到，那么后果可能严重到影响你的个人职业口碑。

面对办公室秘密，如何应对？首先要避免自己成为别人的秘密话题，其次，不在办公楼的洗手间、走廊等秘密"高产地"谈论私生活。

不管你对同事的感觉是爱还是恨，你每天都要和他们相处很长时间，他们同样也是。如果你不注意和同事说话的内容，会使双方陷入尴尬的局面，更严重甚至会影响到你的职业声誉。

　　比如，你向同事讲述你的通宵派对，看起来似乎没有什么问题。但是，如果别人认为你是个酒鬼，不管你工作做得多好，你的可信度都会大大降低。

八、三言两语消除与上司的矛盾

　　《财富》杂志的专栏作家 Stanley Bing 在其著作《与象共舞》中，对上司和下属的关系，做了一个精妙的比喻：工作场所是一片丛林，你的上司是丛林里的大象。事实上，同事或者下属也可能成为你面前的难以战胜的"大象"，这些大象可以轻易地将你踩死，它可能是有意为之，也可能是无意之举。由此可见，与上司关系处理得好坏会直接影响我们的工作绩效、职业前景以及在该企业内的生死存亡。

　　在一个电视台的对话栏目中，一个家电企业的副总裁现身说法："我曾是个内向、怯懦的工程师，但后来一路顺风，屡获提升。当我担任公司副总裁的时候，回头看到与我一起进公司的同事仍在原地踏步时，不禁感慨'他们比我聪明，也比我努力，唯一欠缺的是沟通'。"

　　由此可见，在职场中沟通是多么的重要。然而，目前60%的办公室问题都是因沟通不良产生了很多纠纷，30%的离职症状都来自沟通不畅。事实上，如何与上司、同事、下属的沟通已经成为职场中非常重要的问题。

　　那么，如何轻松应对与上司的矛盾呢？

1. 信任突破沟通阻碍

　　其实，要想消除与上司的矛盾，一定要取得对方的信任，多与对方沟通。只有彼此信任，沟通才不会有阻碍。

宋巧是某食品公司新任销售经理，开会时，每逢谈到竞争对手增多、食品种类单一、味道偏淡等实际问题，老板是一句也听不进去。

老板只关注业绩，业绩完成得好，老板就高兴；业绩不佳，老板就吹胡子瞪眼睛。对于老板的做事方式，宋巧感到非常无奈。但她懂得适者生存的道理，同时也渐渐明白了老板之所以连听都懒得听，因为自己刚进入这个新的职场，其根本原因是不相信她。

为了赢得老板的信任，宋巧决定改变自己：不再迟到，而是早去晚归；放下架子，亲自走访市场。同时她还采取了一些措施，以便自己更准确地把握市场。

随着宋巧一系列活动的展开，她惊喜地发现，老板看到业绩不好后不再暴跳如雷，而开始聆听并主动地询问属下的报告和分析了。并在几次决策上采取了宋巧等几个属下的建议，取得了突破性的成绩后，宋巧他们自然是随着水涨而船高。

别人不相信你，不要怪对方对你不够信任，而是怪自己没有能力让他信任。要想与上司更好相处，一定要通过自己不断地努力，主动赢得信任。

2. 尊重上司，及时交流

胡洁是一家医疗器材公司的销售主管，她能力出众、对人热情，刚到公司半年就成了公司里的销售明星，颇得大老板赏识，大老板总在会议上夸赞她，并号召大家向她学习。

后来，胡洁发现直属上司的态度越来越古怪，在公司里对她是爱答不理；但胡洁只要出了公司，不管是在拜访客户还是在去拜访客户的路上，甚至在晚上10点请客户吃饭的时候都会接到他的"关心"电话："这个客户联系到哪一步了？他觉得我们公司怎样？他对合同还有什么不满意的？他对价格还有异议吗……"没有谁喜欢上司如此细致地追问销售过程，可上司偏偏就这样乐此不疲。

职场中，难免会有一些气量过小的上司，他们之所以如此，大多是经过很苦的奋斗才爬到这个职位，并且他缺乏自信总害怕失去现有的地位，所以凡事都希望你对他"坦白交代"，以便军功章上有他的"一半"。

对于这样的上司，胡洁不是没有抱怨，但之后她开始想办法。鉴于上司是怕自己弄权，所以她便主动接近上司，把计划详细向上司汇报，并故意留下破绽装成很笨的样子请教上司；大老板夸奖她的时候，胡洁就谦虚地归功上司，说强将手下无弱兵，自己的业绩都是上司教出来的等客套话。

种瓜得瓜，胡洁慢慢地发现上司的态度好多了，似乎放了心的上司，开始告诉胡洁，不要这么畏手畏脚地做事，她自己可以做决定。当然，胡洁也懂得，做完决定再到上司那里备个案，一直遵循着多汇报工作进展、不擅作主张、明哲保身的职场潜规则，而胡洁在后来成了上司最倚重的下属。

上司之所以能成为上司肯定有其理由，就算在某一方面他确实不如你，但是综合素质必然不在你之下，比如，案例中胡洁的上司在长年累月中所积累的资源、关系、渠道、信息等销售经验通常会更加完善和充分。

要消除与上司的矛盾，首先要做好沟通，在心态上不能够轻视他，应尊重上司，这对自己没有任何损失；反之如果你轻率地去轻视上司，认为他水平不够，你的上司就会认为你没有教养，或因此厌恶你，从而导致你出世未捷身先死。

3. 轻松场合，东风化雨

上司也是有情绪的，在提意见的时候，我们也要考虑到上司的心情，当公务缠身、诸事繁杂时，他未必有很好的耐心随时倾听你的建议。

因为与合作方的合作过程处于被动地位的情况迟迟无法解决，致使业务发展很不顺利。年终会议上，业务经理张兰总结了过去业务发展中遇到的大量实际困难，由于对该业务的过分投入，总结时张兰讲话的情绪有一些激动。

岂料不久，老板给业务部下达的销售量高得出奇，张兰度日如年，心里想着去年都不怎样，今年怎么可能？张兰一边郁闷至极，老揣摩着是不是态度不好而得罪了老板；一边又尽力地适应老板的工作风格，寻找可能实现目标的方案。可是她提出的解决方案，总是在与老板交流的过程中被否定。

通过细心地观察，张兰发现老板由于业务压力，心情非常不好，直接导致了连锁反应。于是，张兰采取了柔性策略，加强与老板工作外的沟通。比如，利用一些轻松的场合与老板聊天，表示对他的理解。

在张兰坚持不懈地努力下，老板与张兰的谈话日渐轻松起来。老板逐渐相信和理解了张兰的压力，同时也指出了张兰以往工作中的弊端，并同张兰一起商量出了解决办法。最后由于公司上下同心，某些在以往工作中克制业绩发展的因素得以解决，使得业绩有了很大的飞跃。

4. 引导提问，解开死结

刘晓是某商贸的业务员，她每次向主管汇报工作并请教的时候，得到的答复总是："你自己去找解决办法"。但是刘晓找到的结果每次都不是主管喜欢的，或者别的部门有意见时，主管又会在会议上大声责怪她的不是。在多次提案以及提出意见都被拒绝后，刘晓已经不知道她到底要的是什么了！也就是主管的要求可能已经超过刘晓的能力范围了。

思索再三后，刘晓采取了新的策略。她虚心且明确地告诉主管，自己很喜欢这份工作，而且也想要学习，如果主管总是用这样的态度，对她的学习与成长并没有帮助，更重要的是对公司的发展也没有意义。

当主管的态度有所缓和后，刘晓便利用沟通技巧中的"引导式问句"，要求主管一步一步仔细具体地告诉她正确的做法和方向。所谓"引导式问句"，就是鼓励讲话的一方，把简短抽象的意思用具体的方式表达出来。

引导式的问句通常包含下列的关键词词："你说的……是什么意思"、"你说的……应该要怎么做"、"为什么你说……"、"那我这么做……可不可以"等。在成功连续地使用了引导式问句之后，让原本习惯用抽象简短话语表达的主管，突然像打开匣子一般，跟她说了一些经验，而这些直接克服了原本的障碍环节，使得刘晓理清了接下来的行动步骤，从而和主管达成共识。

九、有礼有节，巧妙拒绝男上司的暧昧

在职业场合中，女性职员有很多机会与男上司接触。如果你聪慧、出色、敬业，很得他的赏识，这自然是好事。但男女之间的关系毕竟是微妙的，尤其是他向你发来暧昧信息的时候，你该怎么拒绝呢？会说话的女人要懂得巧妙拒绝，既不伤对方面子，也给自己留有余地。

周静是一家公司的销售代理，聪明能干，不仅人漂亮，业绩也很出错，因此大受顶头上司销售部经理青睐。

一次，周静通过不懈的努力与一位要求苛刻的大客户达成了协议，拿到了一份数额巨大的订单。下班时，销售部经理找到她说为庆贺她的成功，要请她吃晚饭。周静也因为订单高兴不已，毫不犹豫地答应了。吃饭的时候，两人聊了很多，她第一次发现经理还是个非常幽默的人，总是能把她逗得大笑。

后来，销售部经理便经常请周静吃饭、打球。有时周静并不想去，但看到他那诚恳的眼神，又想想他是自己的上级，周静不好意思拒绝。而销售部经理每次出差都为她带回些别致的小礼物，这当然逃不过外人的眼睛。

时间久了，周静便发现背后有人指指点点了，私下里议论她和上司之间的关系不简单。相恋两年的男友听到传闻后也对她怀疑不已，任凭周静怎么解释都没有用，于是两人大吵了一架。

这种事情在职场中屡见不鲜，面对男上司的这些带点儿暧昧的行为，比如，单独送你礼物，单独邀你吃饭，即便他并没有非分之想，你也要小心注意了，因为这往往是以后不寻常关系的前奏。

　　其实，在暧昧面前，一些女人通常都会被动地接受，因为怕上司以后在工作中找自己麻烦，或者对自己的发展前途有影响，直到最后闹得沸沸扬扬，跳到黄河也洗不清，后悔莫及。其实，女性完全可以掌控局面和把握方向，聪明的女性应掌握主动权，将暧昧的苗头掐灭在萌芽期。

　　而会说话的女人则懂得在办公室生存要懂得变通，更要坚守一定的原则。工作中应该学会服从上司的安排，但其他方面更要学会以诚相待，不卑不亢，该拒绝的时候就拒绝。其实，拒绝上司并非一定是坏事，许多时候能让上司发现你的成熟矜持和个人的尊严，让他对你产生敬重，也有助于抬高你在他心中的地位。

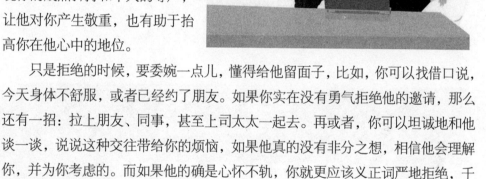

　　只是拒绝的时候，要委婉一点儿，懂得给他留面子，比如，你可以找借口说，今天身体不舒服，或者已经约了朋友。如果你实在没有勇气拒绝他的邀请，那么还有一招：拉上朋友、同事，甚至上司太太一起去。再或者，你可以坦诚地和他谈一谈，说说这种交往带给你的烦恼，如果他真的没有非分之想，相信他会理解你，并为你考虑的。而如果他的确是心怀不轨，你就更应该义正词严地拒绝，千万不能为此丢了工作，也丢了名誉。

第二篇
理财技巧篇

　　人们常说男人喜欢赚钱，女人喜欢花钱，但现在女人背负的担子未必比男人轻。作为女人，要在经济上学会掌控自己的一生，懂得理财，学会投资，享受生活，体味幸福。聪明的女人往往都是理财的高手，她们常常能让金钱追着自己跑，除了能够满足自己的日常开销，还会将自己未来的每一步规划得有条不紊。

第八章

CHAPTER 08

轻松聚财有诀窍，理财不是男人的专利

　　与男性理财的专职、专业化不同，女性理财并不为人所看好。这主要是因为许多人认为由于女性的天然特质，如心理承受能力较差、依赖性较强，在投资过程中，要么认为理财是男人的事情，自己不懂也懒得操心；要么遇到问题容易冲动、情绪化。但事实上，女性与生俱来的细心、精明的性格，并且对收入支出情况了如指掌，这些都有助于女性在投资方面更合理、谨慎。

一、穷人思维与富人思维，思维决定财运

有人说富人与穷人之间的巨大落差是思维造成的，而不是由出身决定的。不同的思维方式会潜移默化地影响着你的行为方式，并影响你的一生。所以，女人们不要在为自己的不富有来找理由，要从改变自己开始。

有钱的人不一定一辈子富有，暂时没钱的人也不一定一辈子贫穷。很多女人是具有富人思维的穷人，她们正在逐渐变得富有；而也有很多女人是固守穷人思维的富人，她们的资产正在缓慢缩水。

现在的女人们都在高呼财务自由，但是如何才能实现财务自由呢？首先就要从改变思维开始。

1. **穷人思维**：出身决定一切

富人思维：好生活是由自己创造的

有穷人思维的人认为自己生在贫苦家庭，注定是穷人。有些甚至会有仇富心理，仇恨比他有钱的人。有富人思维的人会努力赚钱，即使处于贫困，也会想尽办法摆脱这种生活。

谁的钱财也不是凭空刮来的，想要获得成功，都要经过奋斗。甚至所谓的富二代富三代，他们所拥有的钱财也是父辈辛苦打拼所得。同样的，如果你想改变自己，拥有更多的财富，也需要努力奋斗和积累。

2. **穷人思维**：给自己的人生设限

富人思维：不给自己人生设限

人生在于折腾，有富人思维的人总是在不停地折腾，一会儿自己创业，一会儿开店，转身又投资起了房地产。而那些穷人思维的人总是给自己设限，在没有尝试之前就认为自己不行，如果你跟他说让他试试什么，对方的第一反应就是我不会，我没有钱、没有时间。总之，他们会拼命找借口来逃离。

3. **穷人思维**：理财投资只想赢

富人思维：理财投资从来不怕输

有些人在理财投资时，追求的是背后更大的价值，而不只是眼前的利益；有些人则会为了眼前的利益，而放弃更长远的利益。

比如创业，有富人思维的人总是果敢自信，即使失败也会爬起来找到方法继续努力；而穷人思维的人总是瞻前顾后，不敢放手去做，一次的失败将使他一蹶不振。

4. **穷人思维**：不做就不会错，因为害怕而无作为

富人思维：害怕也会往前冲

每个人都会恐惧，都会害怕失败，但不同的抉择造就了不同的人生。拥有富人思维的人即使害怕，也会一如既往的前进，遇到挫折和苦难也不会停下脚步；而有穷人思维的人会在一开始就畏惧困难和失败，他们秉着多做多错、不做不错的想法，而无所作为。

人生就是一个不断尝试的过程，尝试的越多成功的概率也会越大，不尝试连成功的机会都没有。也许会有人认为试错的成本太大了，这是巨大的浪费，浪费人生和金钱。其实不然，试错不会造成浪费，如果真的浪费，那肯定是方法错了，这并不是试错而是不停地犯错，是在试错之后并没有反省自身的不足和缺陷，没有找到到底哪里出错了。

5. **穷人思维**：嫉妒他人的成功，自卑，容易以受害者自居

富人思维：喜欢交友，并乐意分享自己的经验

拥有富人思维的人从不担心失去赚钱的机会，而且他们很喜欢交朋友，与他人分享自己的经验和心得，会和积极努力的人做朋友。

而如果有穷人思维的人有一个技能，会一直以此为荣，并且依赖这个技能生存，从来没有想过，要努力学习其他技能，增强自己核心竞争力。最重要的是他们遇到麻烦从来都是以受害者自居，面对失败他们总是怨天尤人，而不会从自身找原因。

6. **穷人思维**：学习是学生的事

富人思维：活到老学到老

对于学习这件事，不同的人也有不一样的想法。有些人认为上学时天天在学

习，毕业以后终于自由了为什么还要学习。但是时代在变，人们的认知和一些知识也在不断更新，如果不学习很容易落在别人后边。即使再富有的人，也会担心自己跟不上这个时代会被时代淘汰。

因此，只有不断学习，改变自己的思维，才能让自己的人生更顺畅，拥有更多的财富。

二、女人理财常犯的六大误区

女人，由于自身社会分工的不同，所承担的社会责任和男人相比也有千差万别。在现实社会中，女人既要兼顾家庭，又要在事业上有所建树，平时工作压力很大，还要为家庭琐事而操劳。因此，说到投资理财，许多女性朋友是敬而远之的。

但理财对于女人而言是必要的，对于如何理财，女人的了解还不够，一些理财观念也还没调整过来，这些错误的观念直接影响了女人理财的成败。女人对于理财的误区主要有以下六个方面。

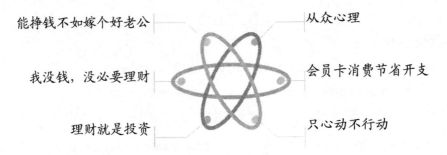

误区一：能挣钱不如嫁个好老公

有些女性总是把未来寄托于找个好老公，把大部分精力用在了穿衣打扮和美容上，却忽视了个人创造、积累财富能力的提高。"伸手要钱，矮人三分。"许多女性凡事都依赖老公，认为养家是男人天经地义的事情，自己只要管好家就行了。长此以往，女性在家里的"半边天"地位就会发生动摇。

生活中，经济独立的女人更有自信。作为现代女性，我们应当不断地为自己充电、掌握理财和生存技能，在理财方面展现"巾帼不让须眉"的现代女性风采。

误区二：我没钱，没必要理财

不少刚刚参加工作的女性朋友认为："理财是有钱人的事，我的钱都不够自己花，哪需要理啊。"恰恰相反，越是没钱，越应该理财，越应及早掌握理财技巧，通过理财"脱贫"，开始适合自己的人生理财规划。

"十分之一法则"比较适合普通人理财，该法则是指将收入的十分之一存起来进行投资，积少成多，将来会有足够的资金用于理财。假如你每月有 5 000 元的收入，那么每月拿出 1 000 元来存，一年下来不算利息可存 12 000 元。如果每月拿这 1 000 元进行基金定投，逐年累计下来收入更不可小觑。而且，在选基金的过程中也获得了投资理财经验。

误区三：理财就是投资

谈到理财，一般女性想到的是投资赚钱。有的朋友说：理财啊，我也想啊，有什么好的股票推荐吗？还是买基金，投资房产？或者自己做生意？当然，理财包括投资赚钱，但不仅仅是这些。赚钱只是一时之事，而理财是一生的财务安排和规划。理财的目的不是赚多少钱，而是保证财务安全，追求财务自由。

误区四：从众心理

许多女性在理财和消费上喜欢跟随他人，常常跟随亲朋好友进行相似的投资理财活动。比如，听别人说参加某某集资收益高，便不顾自己家庭的风险抵御能力而盲目参加，结果造成了家庭资产流失，影响了生活质量和夫妻感情。

盲目的从众心理，有可能让你选择错误的理财方式。因此，在理财时一定要保持理智，不要盲目跟从他人。

误区五：会员卡消费节省开支

女性们对各种会员卡、打折卡可谓情有独钟，几乎每人的钱包里都能掏出一大把各种各样的卡。许多情况下用卡消费确实会省钱，但有些时候用卡不但不能省钱，还会适得其反。

有的商家规定消费必须达到一定数额后才能取得会员资格，如果单单是为了办卡而突击消费的话，就不一定省钱了；还有一些美容、减肥的会员卡，以超低价吸引你缴足年费，可事后要么服务打了折扣，要么干脆人去楼空，让你的会员卡变成废纸一张。

误区六：只心动不行动

有朋友在看到电视里的理财节目、杂志上的理财文章时，当时会想，我一定要开始理财，可是今天拖明天，明天拖后天，慢慢地，理财的心也淡下来了。但我们要知道你不理财，财不理你，心动了，就立即行动吧！

每一个女性同胞，都要学会理财知识，多关注理财信息，多学习理财知识，做好理财计划。一方面，有效地花钱，让有限的钱发挥最大效用，既满足日常生活所需，又提高生活质量；另一方面，通过开源节流投资等增加收入，不断积累财富，达到自己的目标。

三、多少钱可以理财？多少都可以

不会投资理财，财务很难自由。积少成多，聚沙成塔，才能让你变得更加富有而自信。如果你只会攥着辛苦挣来的死工资，不去尝试让钱生钱，那你很难变得更有钱。

关于投资理财，许多女性朋友会问："你觉得，投什么最赚钱？"而他们所认为的赚钱是今天投一万元，几天后能赚两万元甚至更多的。这种想法是非常错误的，投资又不是印钞机。

下面我们以一万元投资为例，看一下具体收益情况：

投资项目	利息	年收益	每月平均收益
银行定存	1.5~2%	150~200 元	12.50~16.67 元
货币基金	2~4%	200~400 元	16.67~33.33 元
银行理财产品	4~6%	400~600 元	33.33~50.00 元
银行票据	5~8%	500~800 元	41.67~66.67 元
P2P	8~15%	800~1500 元	66.67~125.00 元
股票、基金、贵金属等之类的高风险项目	不定	有时财富会快速翻倍，也有可能血本无归	

看过这个表后，你可能会觉得一个月收益这么少，塞牙缝都不够的。但是相比较而言，总比把钱放在银行睡大觉好很多。所以说，不在乎钱有多少，都可以投资理财。

接下来，我们就看一下不同钱该如何理财。

1. 1 000 以下

关键词：灵活、安全

推荐：货币基金

投资建议：选择存取方便的货币基金，可以随时到账，急需时也比较方便，不会对正常使用有所影响。身边尽量少留一些现金，而且现在支付宝支付、微信支付都很普遍，不会防止自己正常消费。努力攒下更多的钱，积攒自己的投资本金。

2. 1 000～5 000 元

关键词：灵活、安全、稳定

推荐：货币基金、短期票据

投资建议：可以选择一个方便点的货币基金。也可以选择短期票据，但要注意时间分配，选择期限要合适，别让自己陷入无资金可用的窘境。同样，也要努力攒钱，积攒自己的投资本金。

3. 5 000～10 000 元

关键词：灵活、稳定、安全

推荐：货币基金、票据、P2P、定投、短期定存

投资建议：同样可以选择投资货币基金，但在货币基金中留出基础开支即可，方便取现，随用随取；选择票据或者比较靠谱的 P2P，选择合适的期限，既能获得收益，也能够保证资金的流通；也可以考虑定投，每个月 100~200，选择一支合适的基金，或者贵金属进行定投，通过长期投资平摊成本，等待合适的机会获得收益。

4. 10 000～50 000 元

关键词：安全、流动、稳定

推荐：货币基金、票据、P2P、定投、证券、定存、国债

投资建议：投资可以参考 5 000~10 000 元的投资建议，选择适当的货币基金、票据、P2P 和定投。同时，也可以尝试小幅度地炒股，前提是你能承受本金亏损的风险，而且对股票交易有了解，严格按照自己制定的标准执行，不盲目追涨杀跌。同时，你会在当日没有做交易的时候选择把证券账户里的资金进行国债逆回

购，不放过任何一次生钱的机会。

5．50 000～100 000 元

关键词：安全、流动、稳定、合理

推荐：货币基金、票据、P2P、定投、股票、基金、贵金属、银行理财、定存、国债

投资建议：这时一定要学习一些关于理财、资产配置相关的知识，随着可调配的资产越来越多，充实自己显得越来越重要。这个阶段投资自己也是非常重要的。

跨过银行理财 50 000 的门槛，可以选择银行理财产品了。选择时一定要慎重，别只看高收益，一定要综合考虑再下手。

还要学会根据市场形势分配你的资产，如果股市低迷，考虑适时建仓；如果基金飘红，时刻保持见顶警惕；关注新闻，避开披着理财外衣的投资陷阱。不盲目跟风，为自己负责，才能让资产平稳增长。

6．100 000～500 000 元

关键词：安全、稳定、合理

推荐：货币基金、P2P、银行理财、定投、股票、基金、贵金属、信托、收藏品、定存、国债

投资建议：这个阶段最深的感悟就是攒钱容易守钱难，这时面临的选择会更多，而风险也会随之加大。

这就是一个分水岭，有些人会因为有了相对厚实的资本，选择创业，开启人生新的篇章；有些人保本至上，把钱投入安全和收益都有保障的国债，缓慢但安全地增值自己的资产；还有一些人，会继续提升自己的投资技能，在保证本金安全的基础上获得最大收益。

这时的你离财务自由越来越近，也要更加谨慎！

7．500 000～1 000 000 元

关键词：安全、稳定、合理、挑战

推荐：货币基金、银行理财、股票、基金、贵金属、信托、收藏品、定存、国债、不动产

投资建议：财富积累到这一步，最重要的还是资产配置和风险控制，而必要

的学习是不可少的，也可以找一个靠谱、可信的理财师，与之多交流。

这里我们把不动产加进去了，那只是"刚需"——你自己住的，不是投资。买之前别冲动，别听房产销售和中介的忽悠，确定这套房子能给你产生正向现金流。

8. 100万~1000万元

关键词：安全、稳定、合理、增值、公益

推荐：动产、不动产、有潜力的小公司、收藏品、信托、股票、基金、期货

投资建议：可以说100万元是财路上的第一个大坎，1 000万元是第二个。随着资产的增长，责任也越大，所以这时也要注重公益。公益，不一定就是指捐款，而是要多多行善：投资有梦想的年轻人获得双赢，帮助弱势群体等都可以。

当然，也许你的资产之后还会快速成长，不忘初心，方得始终。不管财富有多少，最主要的还是活的精彩、有价值。

因此，从现在开始不要再找借口，"我不会""我没有时间"这些都不会是阻挡你的问题。理财什么时候都可以，钱多少也并不是问题，只要肯努力，财富自然并不遥远。

四、做个理财账单，不要让钱"玩失踪"

李嘉诚说过，"30岁以后，投资理财的重要性逐渐提升，中年时赚多少钱已经不重要，反而是如何管钱比较重要。"如今，随着生活水平的提高，个人投资理财在当今社会变得越来越重要。很多人没有记账的习惯，就会导致钱花完了到头来却不知道花在了什么地方。

尽管理财专家一直提倡记账，但很多女性朋友认为，理财根本不是记账那么简单，记账并不能增加收益，还是来钱快、来钱多的理财项目好。于是，许多女人不屑于记账、攒钱这种低级理财，一直沉迷于股票等理财方式。

可是，就连美国石油大王洛克菲勒也会给记账的孩子更多的零花钱，由此可见记账的重要性。如果没有发自内心的改变，没有一点一滴的积累，想要成功也是一件很难的事情。理财也是同样的道理，眼高手低、好高骛远，并不是好习惯，就算起点不高，努力也会有所成。

而且我们每天 8 个销售在挣钱，何必吝啬于花 10 分钟来管钱呢？从某种意义上来说，管钱比挣钱更加重要。钱到底花在什么地方了，有些女性朋友只有一个模糊的概念。一边烦恼着入不敷出，一边还在做着无用的消费。其实记账最直接的作用就是摸清自己收入和支出的具体状况，然后指定合理的支出计划和财务规划。

因此，理财路上要做好账单，防止金钱"玩失踪"。下面就和大家分享一些记账经验。

1. 记性差的人怎么记账

生活中，总有一些这样的人，他们丢三落四、记性很差。因此，总是想不起来自己花了多少钱，怎么花的。有效的方法是：

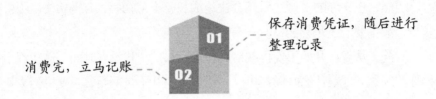

保存消费凭证，随后进行整理记录

消费完，立马记账

（1）消费完，立马记账

现在专为女性订制的记账 APP 并不少，比如，随手记、挖财、口袋记账。女性朋友可以挑选适合自己的记账软件下载，选择的宗旨是操作简单直观，能帮你培养记账习惯。

一般的记账 APP 都会给出消费的预设分类，比如，交通、零食、手机、购物、房产、日常用品、学习培训等，这样可以省去你自己分类的麻烦，降低记录成本。同时还可以设置预算，超出会自动提醒。手机随身携带，花一笔记一笔，及时性也相对有保证。

需要注意的是，记账时一定要有意识地备注哪一笔是"非必要支出"，这样在月底对账时，就能清楚地看到"非必要支出"是否占了自己支出的绝大部分。如果答案是肯定的，那么其威力一点儿都不亚于看到支付宝年度对账单，分分钟有要剁手的感觉。

如果没有手机记账软件，也可以先记在短信、记事本当中，或随身带一个便签放在包里。总之，不管是哪种方法，消费后先记下来，方便的时候再誊写到账本上。

（2）保存消费小票，随后进行整理记录

有时候我们的确会因为某些原因没办法立马进行消费记录，这时我们可以先把消费小票保存下来，有时间后整理小票，这样就不会忘记了。可以在钱包中设置一个票据夹，这样小票有专门的地方保存，不会乱放找不到，而且不会磨损折皱。为了安全，小票的金额记录到账本后，就撕碎扔了。

2．记账需坚持，坚持不下来怎么办

很多时候，女人理财缺少的并不是想法，而是执行与坚持。总是三天打鱼两天晒网，到最后废了时间也没有办成事情。对于记账如何坚持，下面两点经验可供大家参考：

和朋友一起记

设定一个目标

（1）设定一个目标

有些人记账不能坚持下来，是因为没有动力，针对这一点我们可以设定一个目标。比如，今年要攒够几万元；攒钱买个电脑；攒钱买房买车……同时，定目标也是为了控制支出，有计划地消费，让记账不仅仅是记录流水账。

（2）和朋友一起记

如果你自己坚持不下来，可以与朋友一起记账。看到朋友热火朝天地记账，每天离目标近一点，小日子一天比一天好，你也会动力十足。

3．账记上就好了吗？不，还要总结、分析

我们制定理财账单的目的，并不仅仅是记录流水账，还要进行总结、分析，来调整自己的预算和投资方向。一定要养成总结的好习惯，看看自己的消费是否超支？还有哪些钱可以省下来？自己的投资项目比例是否合理？这样才能及时发现问题，解决问题，让每一分钱都花得有道理。这样才能达到记账的目的。

记账时我们要做到以下三件事：

掌握"生活费"	坚持记账一个月，大致了解自己的"生活费"水平，看看自己每个月的花费是多少。
掌握"特别支出"	对"特别支出"进行可能的规划和预判。掌握它们的时间点和需要多少钱，在财务方面做好准备，并仔细记录，在这方面控制花费。
掌握半年收支状况	每年必须检查两次账户，在每年的12月底，将所有的账户余额记录下来，得出数字A，这一年的7月1日以同样的方式把账户余额记录下来，得出数字B，用B减去A，就能知道这半年的收支情况。

比如，郭敏通过一年的记账，总结之后，得出家里的收支状况如下表所示。

收入（元）	支出（元）	结余（元）
夫妻每月固定收入：6 000 年终奖：20 000	生活费：2 000×12=24 000 女儿花销：500×12=6 000 老人花销：10 000 保险费：5 000 其他：5 000	40 000
合计：90 000	合计：50 000	

从郭敏家目前的年收支状况中，我们可以发现，她家的收入比较稳定。而且，所有的支出事项都是必需的，没有浪费、超支的情况发生；且每年还有4万元结余。

在对年收支进行总结之后，可以看出郭敏家的年收入比较稳定，且支出项目短时间内不会有太大的变动，所以结余的4万元就成了闲散资金，可以适当考虑做出合理的投资计划。

对于郭敏的家庭而言，因为上有老、下有小，因此要选择风险较低的投资工具，具体分析如下表所示。

投资工具	具体分析
保险	目前，郭敏家的保险投入所占收入比例已经较高，因此不需要再投入；如果投入，可以考虑孩子的教育保险投资
基金	可以考虑风险相对低的货币基金，每月固定购买
储蓄	储蓄是为了保证生活的不时之需的费用而设立，可以每月存 1 000 元钱的一年定期转存，存够 12 笔就不存了，合计共 12 000 元
国债	郭敏家一次性的两万元年终奖，可以用来一次性购买一笔国债；而平时的节余凑够 5 000 元或者 10 000 元也可以去买一笔国债

根据新的投资计划，既可以保证低风险，生活有了保障，还能让钱生钱，有一定的收益。这样就做到了合理理财。

由此看来，理财并不单单是投资。理财需要一个漫长的过程，我们的金钱需要慢慢地用心打理，而制定理财账单就是第一步。我们只有学会如何打理自己手中的钱，才能真正走上财富的自由之路。

记账三原则

- 坚持到底，不要半途而废。

- 分门别类，花销只记到相应类别里即可。

- 抓大略小，只记到 10 元为最小单位即可，不必详细到几分几角。

五、女人如何打败存钱路上的小怪兽

在理财路上，许多女人认为钱是挣出来的，不是省出来的。但是结余=收入－支出。想要存钱，如果不能提高收入，就减少开支吧！最为重要的一点是，人的欲望是会随着收入增加而增加的。收入是 10 000 元时，你可能只想买 Coach；收入是 100 000 元的时候，你想买的可能就是 Hermes 了……因此，严格控制开支是能否存下钱的关键。

虽然很多人也意识到了存钱的作用，也做出了一些改变，但还是没能存下钱。原因也有很多种，除了每个家庭状况不同之外，我们的存钱路上也有几只"小怪兽"悄悄吃掉了我们的"孔方兄"。

下面我们就帮大家找出这几只"小怪兽"，并教你应对之法。

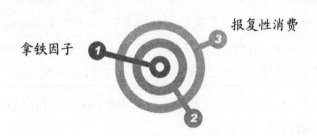

第一只小怪兽：拿铁因子（拿铁因素）

据说，拿铁因子（拿铁因素）是由金融顾问大卫·巴赫最先提出的，而这源于一个故事：

有 这样一对夫妻，他们每天早上必定要喝一杯拿铁。有一天，一位理财顾问告诉他们，每天少喝两杯拿铁，30 年能省下 70 万元。他们惊呆了！

"拿铁因子"由此而来，它泛指那些生活中非必要开销。例如，每天早餐后的一杯咖啡、跨行取款的手续费、看到商场促销就买两件的衣服，付了钱却未真正使用的健身卡……这些开支看似不起眼，但长期下来，白白浪费的数目也很惊人。这些"拿铁因素"，足以掏空我们的钱包。

需要注意的是，每个人的拿铁因子是不同的，这主要取决于你的认知和生活状况。但"拿铁因子"的本质在于，提醒我们注意那些没有意义的小额消费。

要想打败"拿铁因子"这只小怪兽，最有效的办法就是记账。通过记账，你很容易了解到哪些金钱从你手中悄然流失。

第二只小怪兽：购物狂热症

购物，可以说是女人的天性。女人总是觉得，自己的衣柜里还少一件衣服，所以总是在不断地购物。有时逛街或者逛淘宝，看到喜欢的衣服、促销的东西，也会下手收入囊中。

如果是这样，可以每个月做一个购物清单，在设定的预算内，按重要程度排序，先买最需要的，再买想要的，是一个不错的办法。

对于严重的购物上瘾，心理学上认为，这是因为压力过大、精神空虚以及虚荣心作怪导致。

女人应该重新思考自己的生活方式，以及什么才是你的生活重点，把每一分钱花在刀刃上。

第三只小怪兽：报复性消费

报复性消费，指的是为了补偿自己压抑许久的欲望而进行的一种过度消费。

比如，很多工薪阶层表现为，周一至周五非常节约，每餐多花几元钱都不肯。但都了周末，为了犒劳自己，经常会叫上朋友去吃大餐，两天的时间钱就快速溜走了。

因此，如果想省钱，我们还得学会花钱。报复性的消费只会让你损失更多，合理的花费既能满足自己的需求，也不会造成钱财的浪费。

以下是广为流传的家庭五大理财定律，可以作为你日常开支的参考，你可以根据自己的情况调整，建议是在每个月工资发下来的时候就开始分配钱的用处。

4321 定律

家庭资产合理配置比例是：家庭收入的 40% 用于供房及其他方面投资，30% 用于家庭生活开支，20% 用于应急，比如，突然有朋友来之类的意外支出，10% 用于保险。

保险双 10 定律

家庭保险设定的恰当额度应为家庭年收入的 10 倍，保费支出的恰当比重应为家庭年收入的 10%。

72 定律

利滚利存款，本金增值一倍所需要的时间等于 72 除以年收益率。比如，在银行存 10 万元，年利率是 2%，每年利滚利，多少年能变 20 万元？答案是 72/2=36 年。

房贷 31 定律

每月房贷金额以不超过家庭当月总收入 3/1 为宜。

80 定律

股票占总资产的合理比重等于 80 减去年龄的得数添上一个百分号（%）。比如，30 岁时股票可占总资产 50%，50 岁时则占 30%为宜。

六、女性如何应对理财的 5 个年龄段

当你 20 岁的时候，可能希望拥有属于自己的温馨小窝；当你 30 岁的时候，可能希望自己的事业蒸蒸日上；当你 40 岁的时候，可能已经做到从容淡定、宠辱不惊。

但我们必须要面对一个现实，那就是不管哪个年龄段我们都需要理财，为自己创造更好的生活条件。对于女人来说，理财不仅是为了增加收入，还是为了家庭的合理规划。与固定的工作收入相比，理财收入的可能是无限的。

女性理财要随生命周期的不同而异，不同阶段应有相应的理财方法。

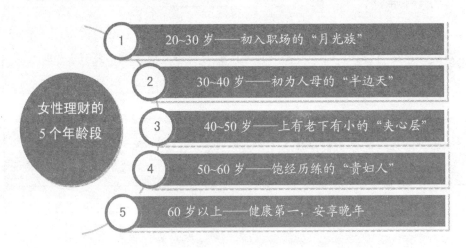

女性理财的 5 个年龄段

1　20~30 岁——初入职场的"月光族"

2　30~40 岁——初为人母的"半边天"

3　40~50 岁——上有老下有小的"夹心层"

4　50~60 岁——饱经历练的"贵妇人"

5　60 岁以上——健康第一，安享晚年

第一阶段：20~30 岁——初入职场的"月光族"

这个年龄段的女性大多处于单身或准备成家阶段，她们大多刚从学校步入社

会，还沉浸在学校靠父母的时候，轻松自在。这时候父母不用自己赡养，可以说是一个人吃饱全家不饿，虽然收入不高，工资升幅慢，但负担也不多。

"拼命地赚钱，潇洒地花钱"是这些"月光族"的座右铭，常听到有很多女孩振振有词地说，"钱是赚出来的，不是省出来的"。话虽有理，但赚钱需要有赚钱的本领，只靠埋头苦干是不行的，要学会让钱也帮自己去赚钱。针对这一阶段，我们提供的建议是：

（1）做好投资规划

虽然这一年龄段经济收入偏低，但不必要的开支尽量省掉，投资的目的一方面可以积累投资经验；另一方面还可以为结婚准备本钱。投资产品选择，建议先拿出月支出的 3 倍左右购买货币型基金作为紧急备用金，其余部分可考虑风险较高的股票或债券型产品。

（2）保险规划不可忽略

年轻人活泼好动、外出机会比较多，为了让自己的出行有所保障，意外保险必不可少。所以，保险规划是不可忽略的重要项目。当然，年轻人也可以选择一些理财类的保险让自己的钱升值。

第二阶段：30～40 岁——初为人母的"半边天"

生儿育女是女人人生的一个重要阶段。但随着经济的不断发展，在现今社会把一个小孩抚养成人，对父母来说可谓煞费苦心。虽然这个阶段，家庭收入可能会有所增加，但家庭成员也有所增加，因此要开始重新思考生活的规划，家庭变成真正的避风港。

这一阶段的家庭一般都背着房贷、车贷等，有种给银行打工的感觉，因此在理财方面，应该：

（1）架上一层安全网

这个阶段，要想让家庭成为安全的港湾，一定要架一层安全网，也就是说要做好家庭的保险规划。健康保险和意外保险是此阶段必不可少的，由于女性的生理特征，也要加一些女性保险。

（2）孩子的教育规划不可忽视

随着孩子的出生，家长也要开始对孩子的教育进行规划，我们建议女性朋友以保险公司的教育保险和基金定投的方式准备宝宝的教育费用。定投应最少选择

15年。

（3）金融资产投资

这一阶段家庭的抗风险能力相对较强，不妨考虑一些相对激进的产品，让自己的获利机会更大一些，但切记不要把鸡蛋放在同一个篮子里，建议选择股票型基金、券商集合理财计划等产品。

第三阶段：40～50岁——上有老下有小的"夹心层"

40~50岁的女性工作虽然稳定，但也成了上有老、下有小的"夹心层"。这一阶段，孩子的教育费用猛增，父母的身体也开始走下坡路。

此时应把孩子的教育费用和家庭生活费用作为理财的重点，确保孩子的教育不会终止，以及父母能够顺利地安享晚年。

这时的投资策略，也要从之前的激进改为稳健，控制好风险。要选择一定比例低风险的产品，家庭紧急备用金的比例也要增加，至少应为月支出的6倍以上，再适当地增加健康保险和养老保险的保额。

第四阶段：50～60岁——饱经历练的"贵妇人"

这一年龄段的女性工作能力、工作经验、经济状况都已达到最佳状态，加上子女开始独立，家庭负担逐渐减轻，理财也应侧重于扩大投资。

不过这个阶段一旦风险投资失败，就会葬送一生积累的财富。所以在投资工具的选择上，不建议选择过多的高风险投资产品，应先选择一支固定收益类的产品，收益高于CPI即可，作为养老金，雷打不动。剩余资金再去选择一些债券型和股票型的理财产品。随着退休年龄逐步接近，对于风险性投资产品也应该逐渐减少。

第五阶段：60岁以上——健康第一，安享晚年

人生到了这个阶段，大多数已真正退休。投资和花费通常都比较保守，此时理财的原则应是身体第一、财富第二。

理财方式必须要以稳健为主，在这时保本比什么都重要，最好不要再进行新的投资，以前的投资产品也应把高风险的产品逐步转换为低风险的产品。这一年龄段的家庭紧急备用金也要准备月支出的12倍以备急用，投资产品以信托公司的固定收益类产品和银行的短期理财产品为主。

每个人的际遇不同，人生目标也有很大的差别。照顾丈夫、孩子，孝敬父母、公婆已经成为女性天经地义的责任，女性在兼顾照顾家庭的同时也有了属于自己的职业天空，这也就在无形中加重了女性肩膀上的担子。

为了让家庭更加和谐美满，女性应该在不同的年龄段，做出相应的理财规划，并根据家庭情况的转变，进行灵活的调整。

七、理财要趁早，赢在起跑线上

理财是现代女性的必修课，作为女人，越晚学会理财，你感觉到的生活压力就会越大。作为女人，越早学会理财，就可以避免因理财不当而陷于个人破产的境地，并且可以从投资理财中得到回报。

女人一定要趁早就规划好人生不同阶段的支出，做好理财规划，这是因为：

房价上涨远大于
薪资上涨幅度

老年以后只靠退休
金不现实

教育费用上涨，供养孩子上学压力大

1. 房价上涨远大于薪资上涨幅度

根据统计，工薪阶层如果要靠薪资买套房子，可能需要不吃不喝 20 年，才能筹备完整购买房子的资金。

大多数人不可能一下子就能备齐买房子的全部资金，如果购房的时候只准备了 10% 的自备款，加上每月支付的贷款利息，对很多上班族来说，将造成沉重的财务负担。而且如果更换工作或者万一固定收入中断，将面临很严重的资金短缺。

对只领一份死工资的上班族来说，要吃饭、要坐车，还要结婚生子，供养孩子，生活压力之大可想而知。

2. 教育费用上涨，供养孩子上学压力大

无论你是否已经结婚，以后都会面临供养孩子上学的问题。每个人都想让孩子得到更好的教育，如果你现在不学会理财，以后等孩子开始上学时，你会觉得压力如大山般压在心头。

现在供养一个孩子读书已经越来越难，因为学费、杂费、择校费、赞助费、辅加费等，名目繁多，教育成本越来越高。仅以读大学为例，现在的孩子考大学容易，但如果没钱，读大学很难。近年来大学学费的不断调涨，让很多工薪阶层的父母纷纷大喊吃不消。

3．老年以后只靠退休金不现实

如果我们想要知道退休之后的各种收入能否满足养老所需，最重要的是要计算"所得替代率"，它是指领薪水一族退休之后的养老金领取水平与退休前工资收入水平之间的比率。

计算方式很简单，假设退休人员领取的每月平均养老金为 1 000 元，如果他去年还在工作，领取的月收入是 3 000 元，那么退休人员的养老金替代率为：（1 000÷3 000）×100%=30%。

现在物价年年涨，但薪资的上涨幅度却远远跟不上物价上涨的速度。按照目前的状况分析，我们这一代的年轻人，到退休时顶多只能维持30%～40%的所得替代率，你把现在的薪水缩减 2/3，就知道只靠退休金养老是不现实的。

下面我们就来看一则理财小案例：

在年理财收益为7%不变的情况下，尹兰和张茵分别选择了不同的理财方式：

尹兰	张茵
从 20 岁开始，每年存款 10 000 元，一直存到 30 岁，到 60 岁的时候全部取出来，作为自己的养老金。	从 30 岁开始，每年存款 10 000 元，一直存到 60 岁，60 岁的时候全部取出来，作为自己的养老金。

你觉得尹兰和张茵谁能够获得更多的养老金呢？

有很多人一定会说，当然是张茵了！道理很简单，张茵的储蓄数额显然要比尹兰高很多，也就是说张茵 30 年 30 万元的储蓄本金要超出尹兰 10 年 10 万元的储蓄本金，所以她最终得到的养老金肯定要比尹兰高出许多。

事实真的是这样吗？其实不然，咱们来计算一下：在年理财收益率为 7%的情况下，以每年 10 000 元的存款方式做储蓄，从 20 岁存到 30 岁，到 60 岁全部取出时可以得到的存款金额为 70 多万元；而以每年 10 000 元的存款方式做储蓄，从 30 岁存到 60 岁，最终得到的存款金额却只有 60 多万元。

财女们不妨去动手计算一下，用明确的数字来比较一下，答案就十分明确了。从这两个方案，我们得出这样一个结论，如果要理财，就要趁早，因为越早理财，就能够及早地拥有更多的财富。

因此，"打理财富，赶早不赶晚"并非是一句空洞的口号，而应该立即将它付诸实际行动。

第九章
CHAPTER 09

借力理财，守好财富的聚宝盆

　　财富不是天生的，如果说水为财，那么只有通过一点一滴的水不断汇集，才能成就滔滔财富之江。要获得财富，首先要对财富有追求、有目标、有欲望，辅以正确的方式、方法，取之有道，用之有度。无论进行什么投资，采用何种理财方式，最终目标就是实现财富增值，至于财富的多少，除了投入程度，关键还要看生财方法是否得当。

一、银行中的"睡钱"也能生财

储蓄是理财的基础，如果你是一个善于理财的女性，那么即便是银行中的"睡钱"，你也可以采取适当的方法，让你的存款利息更多，让你的存款生出更多的钱。

如果你手上有一笔钱，是一次性地存成定期，还是拆分成几笔分别存入？每个月的工资是零存整取，还是分开定存？要不要拿理财产品替代储蓄？选理财通还是国债又或者是借给别人？

存钱，虽然看起来没什么技术含量，实际上却大有学问。同样是存钱，有些方法就效率高、收益多，有些方法则效率低、收益少。我们到底该选择哪种储蓄方法呢？

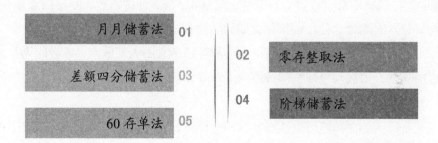

1. 月月储蓄法

月月储蓄也称"12张存折法"，对忙碌而无时间顾及理财的中产阶级最为适用。每个月固定存款，这个习惯可以让你享受较高的定利率，虽然比不上存5年的利息高，但也是活期的好几倍，同时一年后每个月都有一笔到期的存款可用。这样既兼顾定期储蓄，也能应急取现。

一些白领每月领固定工资，但每月靠工资吃饭，存款不多，偶尔会看上商场里一款限量包包，没准儿什么时候就要结婚、买房、买车，这是绝大多数小白领生活的图景重现。总之钱就这么多，既要存，又要花。

杨洋是一家外企人力资源部门的总经理，月薪9 000元，每月生活花销在3 000元左右，她留出1 000元做流动资金，剩下的5 000元用于储蓄，每月开一张5 000元一年期的存折，一年后她就会有12张5 000元的一年期存折。

在第一张存折到期时，杨洋就拿出本息加上当月用于储蓄的5 000元续存一年期定期，依此类推。她手上始终有12张存折，利息在不断增长，而存款的流动性也非常好，一旦急需用钱，都可以支取到期或近期的储蓄，从而最大限度地减少利息损失。

2. 零存整取法

这一储蓄方法最适合"月光族"，如果想要"脱光"一定要这样存钱。强制、固定、小额存储，金额不大月光族也能接受。1年期零存整取利率为2.85%，相当于整存整取3个月，可以说是"拿利息换习惯"的杀招。

零存整取是每月固定存入相同金额的钱，存期分1年、3年和5年，当前利率分别为2.85%、2.9%和3%。如果中途漏存，必须在下个月补齐，否则就视同违约。等存款到期支取时，对违约前的本金部分按实存金额和实际存期计算利息，违约后存入的本金部分，按实际存期和活期利率计算利息。

如果存了一段时间后，觉得这样小额存储意义不大而放弃，或者因为有急事想提前支取，那么利息则全部按照活期计算，前功尽弃。

3. 差额四分储蓄法

流水巨大的白领族可以选择差额四分储蓄，这样既能用钱灵活，也有比较高的存款收益。

差额四分储蓄就是把总资金按照一定的梯形分配方式进行定期储蓄。假如你有10万元，你可以按等额梯形法（也就是1万元、2万元、3万元、4万元连续分配）开设4个定期账。这样一来你就能应付不同时期需要不同数目急用钱的问题，同时还能保证利息不受任何影响而快速增长。

吴淼就曾经犯过这样的错误，她把自己辛辛苦苦赚的10万元全部存成了五年期定期。但是到了第三年，她的儿子要去英国留学急需3万元，吴女士只好把自己10万元五年期的存款提前支取。这样支取的结果就是定期作废，只能按活期来结算利息，结果损失了一大笔利息。

如果采用四分法储蓄，吴淼就可以只支取 3 万元的五年期存款，而无须动用其他存款，这样不仅问题解决了，利息收入也基本上保住了。

4．阶梯储蓄法

阶梯储蓄法非常适用于那些准妈妈。如果你对将来有长远的规划，对可能的花费有很强的计划性，这样存钱就可以享受较高的收益率，在你最需要用钱的时候获得最高的利息。

阶梯储蓄就是先按一、二、三年期的定期方式进行存款，然后把逐年到期的存款连本带息转存成三年期的定期，三年后你便有了 3 张三年期定期存折。

假如你持有 6 万元，可分别用 2 万元开设一个一年期、两年期、三年期的定期存折各一张。1 年后，你就可以把到期的 2 万元一年期存款连本带息转成三年期定期；2 年后，你可以把到期的 2 万元两年期存款连本带息转存成三年期定期。这样你就有了 3 张三年期的存折，而且此后每隔一年就有 1 张存折到期。

阶梯储蓄可以使你的年度储蓄到期额保持等量平衡，既能应对储蓄利率的调整，又可以获得三年期存款的高利息。

5．60 存单法

为退休后做打算的"规划族"可以这样存。如果每个月有闲置的钱就存起来，坚持几十年，将来这笔存款就可以用做养老的退休金，每个月能够有固定的收入。这种方法是在追求定存的最大化收益。

"60 存单法"其实就是"月月存单法"的延伸。每月只要有闲置的钱就去做定期存款，每笔期限都设为 5 年，然后约定转存。每月都坚持如此，一年下来就会有 12 张 5 年期的定期存单，这样积累 5 年后，就有了 60 张 5 年期的定期存单。

从第 6 年开始，第一年每月的定存开始到期，之后的 5 年内也能保证每个月都有一笔存款到期。这样坚持下来，存出一笔数量可观的退休金则不在话下。

总而言之，银行储蓄是一种靠谱的选择，可以培养我们的理财意识和习惯。对于很多女性朋友来说，不是钱赚得不够多，而是自己留下得太少；或者是留下得很多，利用的很少。同样是让钱在银行"睡大觉"，为什么不选择收益率较高的储蓄方式呢？

二、你知道吗? 这些方法也能让钱生钱

自从余额宝带领众"宝宝"统领"余额江湖"以后,宝宝类的产品越来越受欢迎,每天早上查看收益,成了许多人早晨睁开眼睛做的第一件事。宝宝类产品的收益比活期存款高,可以自由转账,又不收手续费,宝宝类产品简直要把银行比下去,成为女人们的新宠了。

其实,女人们应该了解,除了余额宝,货基、基金定投等也是不错的积累方式。

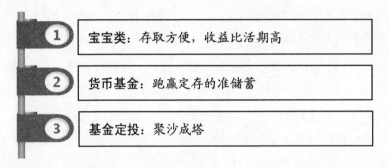

1. **宝宝类:** 存取方便,收益比活期高

2. **货币基金:** 跑赢定存的准储蓄

3. **基金定投:** 聚沙成塔

1. 宝宝类: 存取方便,收益比活期高

林丽说:"现在我身上就留 500 元左右的零钱,工资发下来就直接放进余额宝,平时购物能刷信用卡的就都刷信用卡,到了还款日再还,这样大概能保持一直有两个月工资留在余额宝里,然后一点一点往里加,慢慢地钱就多了。"

林丽发现了这种"信用卡+余额宝"的攒钱组合法,利用信用卡的免息期打时间差,多赚点儿余额宝的收益。

以余额宝为代表的互联网金融产品确实分流了银行的大量活期存款。其中,余额宝的用户可以堪比大中型银行。

其实,宝宝类理财产品是货币基金的一种,每日收益有所波动。它们的年化收益在2%~6%之间。这样的收益水平比银行活期存款高很多,高的时候甚至超越了定存收益。

从灵活性来看,很多互联网货币基金可以做到实时转入转出,而且可以减免手续费。相对于银行业务而言,操作非常方便,拿余额宝来说,只要你有支付宝

账户，在手机上下载一个 APP，就能完成账户开通和转入转出的所有操作。

在计算收益上，转入"宝宝"们的钱在第二个工作日会由基金公司进行份额确认，对已确认的份额会开始计算收益，每天 15:00 以后转入的钱会顺延 1 个工作日确认，比如，周一 15:00 前转入的钱，基金公司会在周二确认份额，周三将周二的收益发放到"宝宝"中。逢双休日及国家法定假期，基金公司不进行份额确认。

但是目前宝宝类理财产品的收益大幅下跌，而且这类产品毕竟是货币基金，也会有亏损的可能。你一定注意到，在各种货币基金的"产品说明"里，并没有"保本保收益"这样的字眼。这是因为货币基金的风险低，在管理过程中规避"亏损"相对容易，但并不代表它不会亏损。

2. 货币基金：跑赢定存的准储蓄

货基就是聚集闲散资金，由基金管理人运作，基金托管人保管资金的一种开放式基金，专门投向风险小的货币市场，安全性高、流动性高、收益性稳定，具有"准储蓄"的特征。

如果你有一笔暂时闲置的资金，又不想放到"宝宝"们中，也可以试试传统货基。因为它的收益不会有太大变化，所以不用总关注，也不用过几个月就赎回。

大部分货基的年化收益要高出一年期定存利率，也有一些收益率超过了互联网金融产品。收益基金公司会在每天或者每月固定一天转到你的账户中，专业的说法叫"日结转或月结转"。

关于货币基金的收益，这里提醒大家：基金公司通常采用的是月复利而不是"日复利"。就是说，如果不提取你的收益，其会在下月和本金一起再赚收益。

在灵活性上，货基的认购和赎回大多数也不需要费用，可以随时购买和赎回，但从发出赎回指令到可以取现一般需要两三个工作日。虽然目前有的货基赎回可以实现当天或实时到账，但它只是将赎回的钱实时转入购买者的证券账户中，钱从证券账户转入银行活期账户还需要一天的时间，只是可用但不可取。

在操作上，货基买卖都需要去银行、证券公司或在相应的基金公司官网上操作，至于选哪支基金，就需要你自己去关注了。

3. 基金定投：聚沙成塔

基金定投就是每个月定期定额地申购基金，这同样是治疗"月光"，达到强制储蓄的大招。定投和货基不同，要看耐力和操作水平，以投资时间的长度换取低风险高收益，积少成多。

华尔街流传着这样一句话"要在市场中准确地踩点入市，比在空中接住一把飞刀更难"，所以对于没什么专业修为的我们来说，如果采取定时定额分批买入法，就克服了只选择一个时间点进行买进和卖出的困难，可以均衡成本。

简而言之，定投法就是便宜的时候多买点，贵的时候少买点。比如，目前基金的净值1元钱1份，那么投500元的话就是买到了500份基金，若下个月净值1.25元，500元就只买到400份基金，手中持有的份额越多，将来获利的机会也越大。只要选择的基金有整体增长，你就能获得一个相对平均的收益。

定投的门槛并不高，两三百元钱就能买。它和货基的购买方式相同，但要收取一定的手续费，包括申购费、管理费、托管费和赎回费。一般来说，定投不用选择"开始的时间"，但我们不得不说，在市场疲软时开始的定投，大部分收益都更加"惊喜"。

对自己狠一点，如果把基金公司每月的扣款时间设置在发工资的第二天，就更能起到"强制"的效果。要注意，如果超过3个月自动扣款不成功，定投就会终止（你还持有基金，但不会每月自动转入份额），这就有可能失去长线钓大鱼的好机会。

三、炒股有法宝，让你成为赚钱的那一波

兰菲是一位自由职业者，有空时她总会关心一下投资理财信息。她总以小股民自居，"资金少、胆子小"，别人把股市当作收割机，希望很快就挣得盆满钵满，她却以平常心看待股市。

她经常和朋友们外出聚会，朋友间的聊天并不是东家长、西家短，话题最集中的就是手中的钱投资什么最容易增值，买什么股票最好，朋友们都炒股，方式各不相同，各有各的精彩。那是她们聚会的话题，也是她们的业余生活。兰菲拿60 000元左右来炒股，也不指望暴富，有点收益就行。要知道这些钱在银行存1年定期也没有多少利息，股市的收成总比放在银行里多。

当然，保守有保守的好处，股市行情不好时，兰菲依然有10%的进账，这已

经比银行利息高了好几倍。有了这额外的收入，兰菲就拿这点儿闲钱去买时装，与朋友喝茶吃饭，炒股也变得其乐无穷。

其实，很多股票投资者都拥有一份普通职业，不论是老师、司机、医生或学生都可能是股票投资者。

如果家里有一个女股民，整个家里都会热闹起来，餐桌上的话题是股，收看电视的节目是股，读的报刊仍是股。钱没有赚多少，炒股的瘾却只增不减。不过，对股市的专一，使女人少了许多家长里短的是非，而且股市里的女人因关心国家大事而变得更豁达，因学习股市内外的知识而变得更理智。

股票在成就财富梦想的同时，带给投资者的还有心跳加速。虽然并不是所有理财成功的人都会投资股票，但是懂得熟练运用股票投资无疑会更快地取得投资理财上的成功。如果看到股票牛市的火热就贸然入市进场，或者看到股票熊市的低迷就避而远之，这都是不可取的股票投资心态，缺乏对股票市场的深刻了解。

同样是股票市场上的投资者，为什么有的人赚有的人亏？

关键就在于投资者必须要有适当的股票投资策略。随着我国市场经济的迅速发展，股票凭借其优越的收益性，已逐渐成为广大投资者必不可少的理财工具之一，但是股票在其高收益的背后也隐含着高风险。如果投资者想要通过股票投资来实现财富增值和财务自由，就必须要清楚地认识股票的收益风险特性，掌握炒股的 5 个法宝。

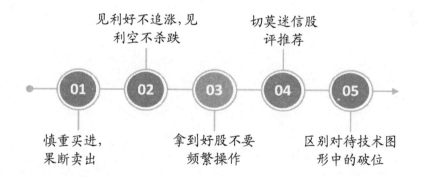

见利好不追涨，见
利空不杀跌

切莫迷信股
评推荐

01　02　03　04　05

慎重买进，
果断卖出

拿到好股不要
频繁操作

区别对待技术图
形中的破位

法宝之一：慎重买进，果断卖出

在买股票之前，始终要告诫自己，市场上股票有的是，切不可一时冲动，买回垃圾股，后悔莫及。买股时要反复研究、比较，如在同类股票中比较它们的业绩优势、流通盘优势、价格优势、品牌形象优势、技术优势等。

股市上有句谚语："不要告诉我什么价位买，只要告诉我买卖的时机，就会赚大钱°"因此，对于股票投资者来说，选择买入时机是非常重要的。买入时机因投资时期长短、资金多少等因素有所不同，但也有规律可循。

1 当坏消息如利空消息等传来时，投资者由于心理作用，股价下跌得比消息本身还厉害时，是买进的良好时机。

2 股市下跌一段时间后，长期处于低潮阶段，但已无太大下跌之势，而成交量突然增加时，是逢低买进的佳时。

3 盘整阶段，不少股票有明显的高档压力点及低档支撑点可寻求，在股价不能突破支撑线时购进，在压力线价位卖出，可赚短线之利。

4 企业投入大量资金用于扩大规模时，企业利润下降，导致很多投资者对该股票兴趣减弱，股票下跌，这是购进这一股票的良好时机。

5 资本密集型企业，采用了先进生产技术，生产率大大提高，从而利润大大提高的时候，是购买该上市股票的有效时机。

选好股票后要锁定跟踪一段时间，然后在大盘回调或个股回调时果断介入。而卖时则要迅速果断，即自己买入的股票达到了预期涨幅，要果断抛出，切不可过贪。

法宝之二：见利好不追涨，见利空不杀跌

你从 20 米高的地方跳下来可能是大小腿骨折，但如果从 200 米高的地方跳下来，那可能在半空中就已经吓死了。

如果股票价位已经达到历史高位，很可能趁利好派发，随即股价下跌，见利好时不要追涨。千万不要在市场处于强劲下跌趋势时去买入股票，接刀子这种事情，弄得不好就是满手血。

相反，在利空消息兑现或即将兑现时，不要轻易抛了手中已处低位的股票。有几年炒股经历的人都会知道，每次基本面的大利空都能引发一轮大行情，此时正是买进所看好的个股的最佳良机，对于突发性的利空引起的急跌更是如此。

法宝之三：拿到好股不要频繁操作

短线操作从成本上，有手续费，买入卖出价差，因此你的频繁操作会导致你的成本上升，而长线不会。

并且一旦你的频率高了，你犯错的概率也会上升，价格在长期内是有明显的趋势的，也是有分析预测价值的，但是价格的短期细小波动绝大部分是随机的，是没有预测分析价值的。

在低位慢慢买入，然后耐心等待，并持有你手里的股票，一来可以避免短期的细小波动所带来的亏损；二来从心态上讲，你不会太计较每天的涨跌，是一个涨停板还是二个呢？对你来说你都不在乎，你的眼光在更远的方向。

短线操作，一旦失误一次，不仅仅导致你之前的利润被侵吞，也会严重影响你的心态，你会不甘心，想要把亏损再补回来，结果是亏得更多。

而且"黑马股"通常都是捂出来的，而不是频繁操作换出来的。因此，当拿到好股的时候，可以长期持有，不要急于换股。对股票频繁操作，有时也会错过"黑马股"。

法宝之四：切莫迷信股评推荐

在众多股评人士当中，有真知灼见的确实大有人在。但不可否认，大多数的股评人士忙着上节目，忙着写稿，疲于应付。他们往往只是"看图说话"、随波逐流，看到某只股票形成了上升通道就推荐。

其实股票形成上升通道时，股价已经远离了主力机构的底部成本区，随时都可出货。因此，要买好股票不要把希望放在股评人士身上，要静下心来，平心静气地自己寻找与分析，从盘小、价低、底部有量而近期又没有被恶炒过的股票中去寻找。

法宝之五：区别对待技术图形中的破位

一般股民一看到自己的股票日 K 线图上出现破位，就会惊慌失措，急忙抛出。其实，不同的破位情况要不同对待。

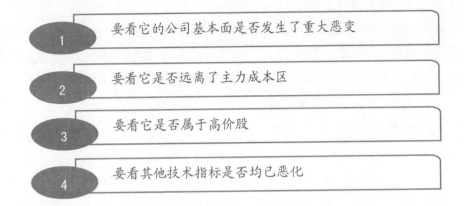

1　要看它的公司基本面是否发生了重大恶变

2　要看它是否远离了主力成本区

3　要看它是否属于高价股

4　要看其他技术指标是否均已恶化

如属上述原因，则要果断卖出。排除上述原因，则很可能是机构震仓洗筹。如果属于后者，则该股后市的上升会更加有力。或许，这就是所谓的"不破不立"吧!

四、低买高卖，外汇神女的撒手锏

外汇，是国际汇兑的简称，是以外国货币表示且能够用来清算国际收支差额的资产。比如，我们熟悉的美元、英镑、欧元、日元都是外汇。外汇交易作为国际上较成熟的交易方式，是一种重要投资渠道。外汇投资是指投资者为了获取投资收益而进行的不同货币之间的兑换行为。

近年来随着美元汇率的不断变化，使得越来越多的女性朋友通过汇率买卖获得了不菲的收益。与此同时，外汇市场已发展成为全球最大的投资市场之一。因此，想要生财不妨试试外汇。

褚小恬毕业后去韩国留学。刚到韩国的时候，她去兑换韩币，1 000元人民币换了160 000韩元。可是第二次去的时候，1 000元人民币竟然换了164 000韩元，足足多出了4 000韩元。

为什么同样多的人民币兑换到的韩币却相去甚远呢？其实，人民币与韩元的兑换是由两国的汇率决定的，汇率高的时候兑换的钱也就越多，低的时候兑换的自然就少了。

从褚小恬的经历中可以看出，炒外汇需要时刻关注外界的信息。不过金融市场是一个高深莫测的市场，要学的东西还很多，应趁年轻的时候多了解、多学习不同领域的知识，通过实践积累一些操作经验。除此之外，掌握一定的技巧对女人来说也会有很大的帮助。

这里总结了几点外汇买卖策略，希望女性朋友们可以从中获益。

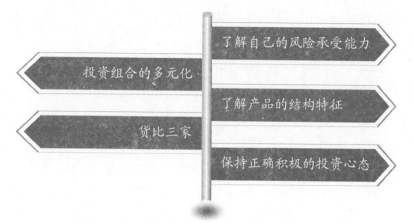

1. 了解自己的风险承受能力

从风险承受能力看，风险承受能力较差的女性可将大部分资金投资于一些保本型的、固定收益型产品；风险承受能力强的女性，则可将部分资金用于个人外汇买卖或投资风险较大、投资回报率较高的个人期权、两得存款等产品，并配合一些保本型投资以控制风险。

2. 投资组合的多元化

投资的风险与收益是相对的，为降低投资风险，女性投资者应该适当地进行多元化分散投资，将个人资产投资到不同的币种中，有效地分散投资风险。各种外汇币种的比重则可以根据不同的偏好来决定。

不同类型的外汇产品也要进行适当的投资组合。个人外汇期权风险较高，且交易成本较高，投资者选择该产品，需要注意成本收益比较分析；个人两得存款主要是个人外汇期权和外币储蓄相结合，需要对外汇汇率走势有一定的把握，才能取得较好的收益，否则可能有损失本金的风险。因此，对希望适度规避风险，又期待相对高收益的女性而言，可考虑选择高风险产品和外币储蓄或保本型外汇理财产品适当组合投资。

3. 了解产品的结构特征

女人要想在最合适的时机，选择最合适的外汇理财产品，获取丰厚的回报，就必须对各种产品的结构特性了如指掌。外汇市场汇率波动较大时，可以选择个人外汇买卖、个人外汇期权产品；市场利率波动较大时，可选择外汇结构性理财产品等；在利率缓步上扬的市场中，可选择投资收益递增型或是利率区间型产品；在利率稳定或逐步下降的市场环境下，投资与利率反向挂钩的外汇结构性理财产品，可以带来较高的投资收益。

4. 货比三家

女人想要利用某一外汇货币进行投资，就必须以人民币来换取该货币。再兑换货币时，汇率的作用不可小视。各个机构的汇率差是不同的，所以在购买外汇时需要货比三家，认真挑选，以确保获得最有利、最省钱的市场汇率。

女性投资者可以通过浏览各大金融机构网站，及时了解最新的外汇牌价并观察它们的走势。

为了保证资金的安全，选择交易平台十分关键。

1 外汇交易平台开户一定要选择有监管的大平台，不仅资金安全而且下单成交也比较迅速。

2 查询外汇平台真假不仅要查看他们的监管号，更要查看他们网站的域名注册时间，最好是打电话到原注册地核实。

3 外汇交易要注重节约交易成本。不仅选择点差低的平台，还可以选择信用高、返佣幅度大、返佣周期短的返佣经纪商。

5. 保持正确积极的投资心态

外汇投资往往会出现这样的状况，模拟交易容易取得成功，可一旦实盘交易结果就不大一样，亏损接踵而来。

外汇投资看起来复杂，操作起来更是千头万绪，但实际上与投资者相关的因素只有三个：心态、管理、能力。其中，投资心态非常重要，保持好的交易心态是每一个投资者都应该努力做到的。

外汇投资理财，可以通过货币转化得到"金矿"！

外汇秘诀

买入秘诀

在市场确认升势之后，任何回落时段都是买入的时机，这需要你第一时间知道这个信息；在市场未确认下跌之前，任何下跌的时段都是买入的时机。

卖出秘诀

如果市场确认是跌势，任何上升的时段都应该卖出，趁反弹平仓；在市场未确认升势之前，任何时段都是卖出的时机，升势未确认，上升之势有可能是假象，趁高抛出为上策。

警告秘诀

做好理财预算，千万不要把自己的必需资金作为投资的资本；炒外汇不能只靠运气，操作时要小心谨慎，适时地调整操作策略，不要让风险超过设定的范围，一旦损失达到了限度，就要立即平仓；在炒汇的过程中犯了错误，要吸取教训，不要重蹈覆辙。

五、基金投资，女人的理财首选

当你没钱时，你会觉得钱并不是最重要的；但当你有了钱后，就会想有更多的钱。张晨就是如此，之前买车买房手里没有钱了，现在手里有了一笔积蓄，就想怎样能生出更多的钱来。

于是她找到了一个学姐，这位学姐可是一位理财达人，有丰富的理财经验。张晨本是想买股票，但学姐了解到她的情况后，建议她先买风险较小的基金。

张晨决定投资基金，她在网上充分了解基金相关的知识。实地操作中学习进步是很快的，她没有多久就基本掌握了基金的基础知识和窍门，这个时候，她的货币型基金已经赚到了一笔小钱。她又充分调查了背景和资料，自己选择了几支基金来投资。

1. 基金的分类

基金的分类有很多方式，一般就是按照投资对象来分。比如，货币基金、债券基金、股票基金、混合基金和指数基金等。

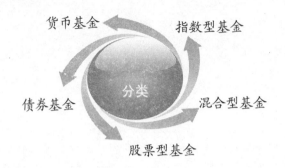

（1）货币基金

基金资产全部投资于短期货币市场工具，比如，银行大额存单等无风险或者低风险的资产。所以这类基金的风险是所有基金中最低的。而且购买和赎回这类基金也不用支付手续费，很多赎回后都能马上到账。

（2）债券基金

基金资产80%以上投资于各类债券，比如，企业债券、金融债券等。债券型基金又分为纯债型基金和偏债型基金（或者称为二级债基）。

其中，纯债基金的资产只投资债券+银行存款，所以风险较低，收益也较低，一般在5%~10%之间；二级债基的资产配置主要是债券+银行存款+不超过20%的股票。因为有股票投资，所以有一定的风险，但毕竟持有股票的比例不高，所以风险适中，收益也比纯债基好，通常在10%~20%之间。

（3）股票型基金

基金资产中80%以上投资于股票。这类基金其实就是你出钱，让基金经理帮你炒股。既然是"炒股"收益也高，15%以上的年化收益问题不大，在当前的市场环境中可能会更高，不过这类基金的风险也大。股基的收益情况也是参差不齐的，同时期高者可能超过100%，低者可能亏损。

（4）混合型基金

混合型基金是指基金资产既投资股票、债券，也适当投资货币市场工具，但股票投资和债券投资的比例可以灵活把握。

简单讲，就是基金经理看当前股市好，可能就多投资些股票，以求获得更高的收益；股市不行了，就多投资些债券，以隔离风险。或者有些混合基金的管理者在牛市中积极加大股票投资，熊市可以完全放弃股票投资。

混合基金的年化收益大概在 15%以上，既投股又投债，收益也在股票基金和债券基金之间。

（5）指数型基金

仅投资标的指数的成分股，对指数进行复制。比如，我们常见的沪深 300 指数、中证 100 指数等。指数基金的目的不是为了获得超越市场的收益，而是让这个投资组合的波动与该指数一致，取得与指数大致相同的收益率。比如今天大盘涨了 2%，相应的跟踪大盘指数的基金今天的净值涨幅也在 2%左右；指数跌了 2%，相关的指数基金净值也会下跌 2%左右。

2．你适合买哪种基金

传统的基金配置都是按照目标收益作为指导原则，虽说符合金融原理，但是通常费心又费力。空闲时间和精力都有限的上班族该怎么买基金呢？致力于学习投资，积极进取的人适合买什么基金？下面我们就根据生活状态讲一讲不同基金的适用性。

（1）忙碌的上班族

指数基金最适合忙碌的上班族了，因为指数基金是跟踪指数的，而指数本身就是由多种不同的股票组成，也就是说买了一只指基就能实现配置多种股票的目标。不过指数基金也有好几种类型，下面我们详细说说它们的不同。

沪深 300	这是个跨市场的指数，是从上海和深圳证券市场中选取 300 只规模大、流动性好的 300 只股票作为样本；覆盖了沪深市场 60%左右的市值，具有良好的市场代表性
中证 500	扣除深沪 300 指数样本、按日均总市值高低排名选取 500 名股票作为样本，综合反映沪深证券市场内小市值公司的整体状况；是第一只综合体现沪深两市小市值企业的指数，是期望分享高成长收益投资者的最佳选择
上证 50	挑选上海证券市场规模大、流动性好的最具代表性的 50 只股票组成样本股，综合反映上海证券市场最具市场影响力的一批龙头企业的整体状况，是优质蓝筹股的突出代表
中证 100	从沪深 300 指数样本股中挑选规模最大的 100 只股票组成样本股，以综合反映沪深证券市场中最具市场影响力的一批大市值公司的整体状况

因此，要想投资覆盖大盘，就选沪深 300；要想投资高成长的中小企业，就选中证 500；要想投资质优的蓝筹股，就选上证 50；要想投资稳定的大公司，就选中证 100。

（2）有时间、爱研究的投资者

股票基金是有时间、爱研究的投资人的尚佳选择。毕竟每只基金的投资目标不同，如果有时间有精力，确实应该认真看看不同基金的投资方向和管理风格，然后选出几只适合自己的做搭配。

这样做的好处是自己选的股票基金自己最了解，如果看得准收益或许比买指基还要好；如果市场有变化，还能快速决定是卖是留，风险更可控，不会只是被动地等着基金上涨或下跌。

（3）追求稳定的保守者

混合基金和可转债基金是保守人士的最爱。它们不像指数基金和股票基金那么激进，它们的投资目标是稳中求胜，收益相对平稳，不会大起大伏。因此保守人士持有这两类股票不会闹得心跳加速、情绪焦躁，只要安安稳稳地长期持有就好了。而且从长远来看，这样稳健的投资选择或许会是最高效的组合。

（4）勇于尝新的进取者

分级基金是进取者的最佳选择，有杠杆的它能帮助投资者成倍的放大收益（风险也是成倍递增的）。虽然风险高，但是俗话说得好"高风险高回报"。因此，在大牛市中进取人士要想获得更高的收益，配置分级基金的进取份额绝对是个很好的选择。

六、小心脏扛不住炒股，就去买债券

王女士自己经营一家服装店，前两年做过股票投资，且获利颇多。一次，其朋友的公司正好需要一笔资金，王女士就卖出手上的股票，清仓了！没想到，这一卖竟意外地躲过了股市的大跌。

上个月，朋友还回了钱，躲过股市大跌的王女士有些后怕，再进行投资时就没有再考虑买入股票，而是想到投资低风险、安全的品种。在一位的朋友建议下，王女士最终果断地选择了投资债券。

王女士买入的债券年回报率在 8% 以上，与银行存款等固定收益投资相比，利率还是高出不少，最主要的是风险很低。据了解，在买入这家房地产公司的债券之前，王女士专门和朋友一道前往公司进行了考察，发现该公司的发展前景不错，才下定决心购买的。

股市的大涨激发了很多人入市炒股的热情，然而偶尔一次暴跌，又让投资者心惊胆战。这过山车的感觉，不是每个人都扛得住。这个时候，固定收益产品的价值就体现出来了。

而案例中的王女士为什么会选择债券呢？其实很简单，因为通过买债券能够安安稳稳地赚小钱，赚得虽少，可是稳赚不赔，心里踏实！毕竟这世上稳赚不赔的投资是很少的。

债券投资可以获取固定的利息收入，也可以在市场买卖中赚差价。随着利率的升降，如果能适时地买进卖出，就可获取较大收益。债券作为投资工具具有安全性高、收益高于银行存款、流动性强的特征。

债券市场是一个专业且生僻的市场，想进来试水，需要先搞搞清楚债券投资的几点常识。

1. 怎么买债券

我国债券市场分为交易所市场、银行间市场和银行柜台市场。交易所市场属场内市场，机构和个人投资者都可以广泛参与，就跟炒股一样；银行间市场和柜台市场都属债券的场外市场，其中银行间市场的交易者都是机构投资者，与普通投资者无关，银行柜台市场虽然个人都可以参与，但可交易品种十分有限，基本上只有国债。

目前，在交易所债市流通的有国债、企业债、公司债和可转债等，在这个市场里，个人投资者只要在证券公司的营业部开设债券账户，就可以像买股票一样的来购买债券，还可以做债券的差价交易。

与购买股票相比，交易所买卖债券的优劣势是：

除国债外，其他债券的利息所得需要缴纳 20% 的所得税

优势

劣势

交易费用比较低（交易额的万分之二，无印花税）

那么，债券到底在哪里买呢？

交易所可以买卖	国债、企业债、公司债（含金融债）、可转债，还可以做债券逆回购
银行柜台可以买卖	国债
第三方渠道可以买卖	债券基金

2. 如何判断债券好坏

众所周知，买股票分绩优股和垃圾股；买基金，要看历史业绩和基金经理是不是明星。那么，买债券看什么呢？

一看利率多高，二看信用级别。

在所有可交易的债券里，国债交易起来最方便、流动性最好，但是收益相对低，通常在3%~4%之间，被称为利率债券，其判断标准就是利息高低。

另一种债券叫信用债券，包括企业债、公司债、可转债等，根据期限和发行公司信用等级的不同，收益率差别较大，一般在 4%~7%之间，具有一定的投资风险。

可转债的意思是，买了这种债券的人，可以选择在规定时间内（票面到期时间）把债券按照约定好的比例变成发债公司的股票。因此，可转债则特征更接近于股票，对投资者的专业知识要求较高。

因此，银行买的国债和那些可交易的债券，其实是两种生态环境成长起来的"兄弟"。信用债券的交易，一方面参考利率（价格）波动；一方面可以查看债券评级，评级越高的债券的安全度就越高。

3. 债券基金有什么用

其实在一些成熟市场，无论炒股还是买债，往往都是通过基金公司来操作的，也就是通过购买基金产品间接参与债券市场。

你可以通过购买债券基金来投资债市，除了有专业的管理团队，债券基金还可以购买普通投资者无法涉足的银行间市场的债券。一般而言，债券基金适合追求本金安全、回报稳定、风险承受能力中等偏低的投资者。

4. 债券投资技巧

女人如果想进行债券投资，就必须掌握一定的技巧。

（1）利用时间差提高资金利用率

一般债券发行都有一个发行期，如半个月的时间。如在此段时期内都可买进时，则最好在最后一天购买；同样，在到期兑付时也有一个兑付期，则最好在兑付的第一天去兑现。这样，可减少资金占用的时间，相对提高债券投资的收益率。

（2）利用市场差和地域差赚取差价

通过上海证券交易所和深圳证券交易所进行交易的同品种的国债，它们之间是有价差的。利用两个市场之间的市场差，有可能赚取差价。同时，可利用各地区之间的地域差，进行贩买贩卖，也可能赚取差价。

（3）卖旧换新技巧

在新国债发行时，提前卖出旧国债，再连本带利买入新国债，所得的收益可能比旧国债到期才兑付的收益高。这种方式有个条件：必须比较卖出前后利率的高低，估算是否合算。

（4）购买国债

如果在同期限情况下（如 3 年、5 年），可选择储蓄或国债时，最好购买国债

（5）选择高收益债券

债券的收益是介于储蓄和股票、基金之间的一种投资工具，安全性相对比较高。因此，在债券投资的选择上，不妨大胆地选购一些收益较高的债券，如企业债券、可转让债券等。

七、不知道这些知识，投资黄金怎能赚钱

黄金长久以来一直是一种投资工具。它价值高，并且是一种独立的资源，不

受限于任何国家或贸易市场，它与公司或政府也没有牵连。因此，投资黄金通常可以帮助投资者避免经济环境中可能会发生的问题，而且黄金投资是世界上税务负担最轻的投资项目。黄金投资意味着投资于金条、金币、甚至金饰品，投资市场中存在着众多不同种类的黄金账户。

在货币的本位是黄金的时期，单位黄金的价格就是其计价商品的价格，黄金是商品交换的等价物。

黄金具有商品和货币的双重属性，如今，随着金融市场的不断发展，黄金作为一种投资品种，被越来越多的投资者所认识。

投资金条的优点是不需要佣金和相关费用，流通性强，可以立即兑现，可在世界各地转让，还可以在世界各地得到报价；从长期看，金条具有保值功能，对抵御通货膨胀有一定作用。

缺点是占用一部分现金，而且在保证黄金实物安全方面有一定风险。购买金条需要注意，最好要购买知名企业的金条，要妥善保存有关单据，要保证金条外观，包括包装材料和金条本身不受损坏，以便将来出手方便。

谈及近期黄金价格走势，王大妈笑着说："现在金价涨得厉害，前两年投资的黄金马上就可以出手了，不仅资金能够回本，还可能小赚一笔呢。"这一刻她已等候多时。

作为一股重要的投资力量，"中国大妈"对黄金的热情可以追溯到 2013 年。当年 4 月国际金价大跌，"中国大妈"随即入市抄底黄金数百吨"一战成名"。然而，其后国际金价季度跳水步入"熊市"，不少跟风投资者被牢牢套住。有分析指出，金价至少须跨过每盎司 1 300 美元关口，抢金的"中国大妈"们才有望挽回损失。

2016 年以来，随着黄金、白银等贵金属价格持续走强，"中国大妈"们似乎看到了"解套"的希望。

2016 年整体表现仍一枝独秀，"黄金时代"正在来临。其实中国投资者们对黄金往往独具偏爱，拥有深刻的"黄金情结"，逢年过节都有购买黄金的习惯。其实从目前看，实物黄金是投资者布局的重点，做实物黄金需要注意三个成本。

黄金定投业务的成本

1. 买卖手续费

相较而言，购买金条、金币，银行的回购手续费相对低一些，但每家银行收取费用标准不一。

一般费用分为两种：

一是不收取收手续费，但会制定自己的回购价，可能回购价会低于市场金价的卖出价，一般的价差在 15 元左右。

收取 5~20 元的手续费，自己银行销售的费用较低，其他渠道购买的手续费较高，不少银行对不是自己代销的贵金属不进行回购。

2. 黄金定投业务的成本

黄金定投也叫黄金积存，类似银行存款的零存整取，即每月以固定的资金，按照上海黄金交易所 AU9999 的收盘价购买黄金。合同到期时，客户积累的黄金克数可以按照金价兑换成现金，或者相应克数的金条、金首饰。目前不少银行都有黄金定投业务。

3. 纸黄金转换的费用

除了实物黄金外，纸黄金也是常见的黄金投资模式。纸黄金是一种个人凭证式黄金，通过银行的报价在账户上进行虚拟黄金的买卖，不发生实物交易。据悉，目前有些银行规定投资"纸黄金"也可以提取实物黄金，但是其中存在 3%~5% 的手续费，投资者需要注意其中成本。

因为黄金饰品也深受广大女性朋友的喜爱，市场上售卖的工艺精美的黄金饰品，其美轮美奂的造型让一些女性投资者抱着"越精致越值钱"的想法而购买来进行投资。

如果买黄金工艺品只是为了欣赏装饰，那另当别论，进行投资的话，实在是"下下策"，工艺品需要人力进行雕琢，中间的劳动力成本都是算在购买价之内，而在黄金投资中是"认量不认型"的，因此买进时价格高出重量价很多，卖时是实时的重量计价，非常不划算。

女性朋友们在投资黄金时，一定要擦亮双眼，确保自己购买的黄金有收藏价值，并能够回购，否则要想靠投资黄金小赚一笔就难了。

八、女性理财需懂得的 P2P 网贷三部曲

随着互联网金融业的飞速发展，方便快捷的金融模式吸引了许多投资理财者，一些女性朋友也将理财事业转战到了互联网上。余额宝、理财通、京东小金库、P2P、众筹等理财方式层出不穷，可谓是你方唱罢我登场，为中国金融市场增添了一抹鲜艳的亮色。

尤其是互联网 P2P 理财平台作为行业新秀在全国各地涌现。套用时下的流行语来说，个人理财，你要不懂点 P2P，都不好意思谈理财。

为此，我们精心总结了一些时下理财女性必备的 P2P 网贷相关知识，同时也分享了一些自己对 P2P 网贷的理解和认识。

1. **什么是 P2P 网贷**

想知道 P2P 为什么能帮助我们理财，就要先清楚 P2P 是什么，它的原理是怎样的。

P2P 是 Peer to Peer lending 的缩写，是指个人与个人之间通过第三方网络平台进行的小额信用借贷交易。即由 P2P 网贷平台作为中介，借款人在平台上发布借款标，投资者进行竞标向借款人放款的行为。

2. **P2P 网贷运作模式**

那些投资 P2P 网贷的理财女性，就属于漫画中手上有些闲钱的投资人，而她们的投资收益来源于那些有贷款需求的人，P2P 网贷平台在中间起一个牵桥搭线的作用。

P2P 运作的模式应该是这样的：平台做过风险评估之后，觉得个人可信、有还钱的能力，就允许他在平台发布借款信息。我们通过平台看到了借款信息，一番上下打量后觉得这个人可信、有还钱的能力，就可以往他的标的投标、把钱借给他。

　　每个借款人的周期都不同，有一个月的，有半年一年的，利率也不同，时间越长的利率就越高，目前 P2P 平台提供的产品投资收益率在 8%~20%，这远远高于银行理财产品、货币基金和信托的收益率。而且每个月还能收回一笔固定金额的本息，如果用收回的本息去投其他的标的就是一种滚动投资，因为一般把钱取出来要手续费。

3. 投资筛选是关键

　　由于 P2P 投资理财也存在一定的风险，所以在投资时应当慎重。即使是银行推出的 P2P 项目也是不对风险兜底的，拥有较大额度的资金的投资者可以拿出一部分来进行 P2P 的投资，不要把所有资金都投入一个市场中。如果是资金拥有量不足，如退休的老年人，则不建议进行 P2P 的投资。

　　在选择第三方 P2P 公司进行投资理财时，投资者首先要选择口碑好、成立时间久的平台投资，投资者可重点关注 P2P 平台对借款人信用信息的采集能力和 P2P 平台的还账率，如怎样验证借款人自行上报的个人信息、采取网络面谈还是实地考察、如何采用央行征信中心个人信用报告等问题。P2P 行业领先者的坏账率可控制在 2%以下，与银行的平均水平基本相当。

　　而且在投资时金额不要过大。为防止平台倒闭，不要将大量资金投入到一个平台上，这样可以减小风险。

4. P2P 投资经验小结

切勿盲目轻信高收益

建议：当投资人收益达到 29%时，借款人需要承担的利息通常高达 40%~50%，与高利贷持平，属于严重违规。因此对于这样的问题平台应当警惕。

具体做法：投资前认真比对收益，拿不准的应该向专业人士进行咨询，切勿盲目投资。可通过第三方平台查询 P2P 平台的相关信息，如运营时间、成交量等信息。

自融平台，搞资金池

建议：投资者应当明白，P2P 网贷平台不能动用客户的资金非法吸存，也不能直接放贷。

具体做法：如果一个公司拥有多个"托管方"，且无须开设两个账户，几乎可以断定这是资金池模式，投资者可按照此方式判断。投资者在进行投资之前可通过朋友打听或者上网搜集资料，核实该平台是否与民间借贷公司、担保公司和典当行等合作者存在关联，以免造成被骗贷的情况。

谨防信息造假

建议：投资前仔细核实信息。

具体做法：投资前以借款人的身份致电 P2P 平台，获取该平台的相关信息，如平台的风控条件和能力，风控团队是否专业，体系是否健全等。可通过查看该平台的营业执照、平台注册资金、管理团队背景和股东背景等进行判断，确定是否选择该平台。

防止假标

建议：认真查看信息披露程度

具体做法：正规的 P2P 网贷平台，除公开披露详细信息外，还设立线下观察团，投资者可优先考虑本地的 P2P 平台，以便实体考察并掌握该平台的相关信息。

九、众筹：集消费与投资于一体的新模式

对于广大女性朋友，众筹是个很不错的选择，即可以是消费，也可以是投资。众筹即大众筹资，是指用团购＋预购的形式，向网友募集项目资金，以支持发起

的个人或组织的行为。一般来说是通过网络上的平台将赞助者和提案者联接起来。

众筹的架构通常包括三个要素：

众筹理财模式最大的特点就是跳出了商业模式，只要是投资者喜欢的项目，都可以通过众筹方式获得项目启动的资金。同时，在项目结束或是约定日期到期后，投资者将获得回报。

由于目前众筹在我国的发展尚不成熟，女性投资者参与众筹投资要注意以下几个问题：

1. 众筹的类型

目前，众筹主要包括四种模式，即债权众筹、股权众筹、回报众筹和捐赠众筹等。

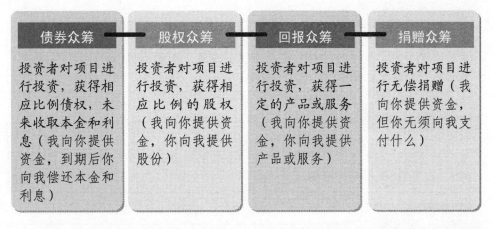

目前，回报众筹和股权众筹是国内比较主流的众筹模式，在众多综合类众筹平台回报众筹大多以产品预售为主，参与者花钱购买的是产品期权；股权众筹的基本模式是在互联网上兜售股份，募集资金，投资人通过平台向项目投资资金并

获得股权，股权众筹的回报主要是分红和未来股权收益。

2. 参与门槛

一般来说回报众筹的门槛相对较低，普通投资者可以很方便地参与到众筹项目中。很多回报式众筹项目的价格分为很多档次，投资者可以根据自身实力选择合适的档次进行投资，投资者投入资金后就可以等待产品寄送到自己手中。

与回报众筹相比，股权众筹的门槛较高，以确保投资人能承担相应的投资风险。多数众筹网站会实行"领投＋跟投"的制度，只有具备一定资金实力和投资经验或某方面专业技能的人才可以做领投人，负债协调投资人与项目之间的关系，对于跟投者，网站一般会对其进行风险承受能力确认，并设置最低投资额。

3. 众筹回报

回报众筹根据不同的投资方位设有不同的回报，一般投资者可以以低于市价的价位购得一项创意类产品。股权众筹有点像投资于一家未上市的公司，从而从中获得回报，但也可能亏得分文不剩。

4. 投资技巧

随着众筹的兴起，多个行业开始通过众筹进行销售，这种"花小钱办大事"的模式，为大多数初创型公司、融资方以及投资者创造了多赢局面。当然，作为一种投资方式，不同形式的众筹也存在不同的风险。这就需要我们注意以下几点：

选择平台

保障投资的关键是选择一个正规的平台，目前互联网上有很多众筹平台，投资者在投资时，切不可选择一些承诺收益过高，表意不明的平台，否则很可能陷入非法集资的圈套。

支持级别

众筹投资和P2P不一样，不能够随意设置投资金额，而是选择项目发起者设置的投资级别。在选择时要看清楚每一个级别对应的回报，部分项目存在回报相同，但投资不同的情况。

无私奉献

无私奉献就是投资者无偿投资众筹项目，不需要任何回报，这适合一些人对项目发起者的支持，类似于捐赠。作为投资者来说，这是毫无意义的，在操作时也要注意自己是否选中的是"无偿支持"。

> **发起项目**
>
> 在众筹平台，任何人都可以发起投资项目，只需设置项目的基本信息、回报情况与账户信息，就可以轻松成为众筹项目发起者。

> **未达标准**
>
> 众筹项目必须在发起者预设的时间内达到或超过目标金额才算成功，如果没有达到标准，已获得的资金将全部退还支持者。

十、保险不是浪费，该买还得买

之前经常听到有人这样说："我也不会有什么大问题，挣得钱也够自己养老，为什么还要买保险，这纯属是浪费钱。"但随着生活各方面的发展变化，女人越来越重视投保，很多女人参加工作后，就会在朋友或家人的建议下购买一定的保险，以保障自己日常生活中的稳定性，给自己一份安心的生活。

需要注意的是，女人们比较感性，在购买保险时很容易受到外界因素的影响，容易冲动。比如，目睹一起车祸或亲朋好友有人患重病，都会令女人想到保险。女人心软、柔弱、感性等这些特点，也容易导致她们在买保险时犯一些特有的错误。

与此同时，很多女人也会有盲目从众的心理，所以在购买保险时，女人一定要保持冷静，充分与保险代理人交流沟通，选择最适合的保险产品。

此外，很多女人都比较有牺牲精神，总是容易忘记自己的需求，已婚的女人尤其如此。一提到保险，很多年轻女人都认为自己身体状况很好，不太愿意为保险埋单；随着年龄增大逐步认识到保险的重要性后，女人投保时又往往会首先考虑到孩子、丈夫和父母。给别人做好了安排，却忘记了自己的重要性，要知道女人自己也是家庭中不可缺少的一分子。

因此，不管是为自己还是为家人，负责任的女人都应该注意根据自己的具体情况来购买适合自己的保险，让自己放心的同时，更让家人安心。

那么，女人在购买保险时，由于年龄层的区分和职业收入的不同会导致投保的种类有所区别，因而不能一刀切。下面就分别根据年龄和职业收入两个方面的具体情况来介绍适合女人的保险种类。

1. 30 岁左右的女人

这时的女人兼临事业和生育的压力，还有常见、高发女性疾病发病年龄提前、妊娠并发症、新生儿先天疾病等风险的困扰。意外、医疗保障可酌情配置，如女性疾病险、妇婴险等，都是这段时间的女人应该考虑的险种。这一年龄段的女人也是家庭收入的主要来源，还应考虑购买保障型为主的寿险。

2. 30~35 岁的年轻妈妈

这个年龄段的女人大多是初为人母，非常需要保障，因为此时上有老下有小，事业家庭都得兼顾，因此投保一份寿险很必要。其保额应该为年收入的 5~10 倍。这样万一将来出了意外，起码家庭生活可以维持 5~10 年不变。同时，意外、医疗险也要考虑。

3. 35~50 岁的能干妈妈

这个时期的女人，大多处于事业成熟稳定期，并且孩子处于慢慢长大的过程中。如果说之前妈妈们有结婚生子、买房买车的压力，还没来得及规划养老的话，现在就要赶紧考虑了，还有重大疾病险也要购买。40~50 岁会开始进入疾病高发期，条件允许的话可以考虑具有理财性质的保险。因此，这个阶段的女人应该开始筹划养老金了。

4. 50 岁之后的退休妈妈

50 岁之后，很多女人都会慢慢进入退休期，而这个时候需要女人来操心的事情也会慢慢减少，因为这时子女也成家立业了。因此，确保无后顾之忧的晚年生活是此时期的重点。应考虑购买年金保险、养老险；当然，随着年事渐高，应及早提高重大疾病、医疗险的保额。

说完各个年龄层的女人适合的主要险种之后，接下来我们来看看不同职业收入的女性朋友们应该如何理性地投保：

（1）白领女性通常有较固定的工作收入，对于生活也有更长远的规划和期待，因此在购买保险时有较大的自由度，容易成为保险销售人员的主攻对象。比较适合她们的是将收益性的险种和保障型的险种相结合来投保。

（2）对于收入一般的已婚女人，因为已经有了公众的医疗保险，因此在收入平平的情况下，可以只购买一些消费型的意外险作为补充，或投保价格较低的女性健康保险，并在此基础上选择具有分红之类理财功能的保险品种，以达到理财和疾病、意外、养老等综合预防功能。

（3）收入较高的已婚女人，因为个人可支配的财产较多，所以可承受保险公司推出的价格较高的女性健康保险。另外，也可以考虑适当地购买一些高回报的投连险或万能险。

（4）至于全职太太，由于其经济来源全部依赖于另一半，首先应该考虑的是先生投保，自己则需要投保一些重疾险和养老险；其次，在此基础上可以配备一些理财型保险，如投连险、万能险和分红险等。

总而言之，在投保之前最好先了解清楚，否则万一碰上不负责的经纪人，被他们忽悠了，就真的是白白浪费钱了。

第十章

CHAPTER 10

增补财识，眼光睿智的女人更招财

女人仅有想要拥有财富的野心是远远不够的，除了有赚钱的意识外，还需要有赚钱的财识和眼光。一个女人，如果想经济独立，更想拥有财富，活出财富人生，一旦有了这样的目标后，就应该自觉地去学习许多投资理财知识，留心观察那些财富女人的致富秘诀，这就是在为自己聚财寻找机会。

一、复利原理：其威力比原子弹更大

复利在经济学和财务管理学上都是非常重要的概念，那么复利到底是何方神圣呢？其实，复利是相对于单利来说的，单利是对已过计息日而不提取的利息不计利息；复利是将上期利息加入本金一并计算利息的一种方法，俗称"息上加息"，不只本金有利息，本金所生的利息也有利息。

复利并不是现代产物，其实古已有之，高利贷者就是运用复利对老百姓进行压榨盘剥，为此以复利为本质的高利贷者则被人们形象地称为"利滚利"、"驴打滚"。但现在的我们如果能够很好地利用复利，则可以为自己挣得更多的财富。

而且"时间"是复利的最佳战友，投资坚持的时间越长，复利效应越强，成效亦越大。在复利的模式上进行理财，所坚持的时间越长，带来的回报也会越大。或许，刚开始的一段时间内，得到的回报会不尽如人意，但只要将这些利润进行再投资，那么资金就会像滚雪球一样，变得越来越大。经年累月，你的资金就会攀登上一个新台阶，这时你已经在新的层次上进行投资了，你每年的资金回报率也已经远远超过最初的投资。

有人曾经问爱因斯坦："世界上最伟大的力量是什么？"爱因斯坦的答案不是原子弹的威力，也不是核武器的威力，反而是复利，甚至还称复利是世界第八大奇迹。

就如，投资 1 万元资金，按照不同的年限和不同的回报率计算，其收益水平将呈几何级数增长：

- 如果年回报率是 10%，那么投资 5 年，1 万元增加到 1.61 万元；投资 10 年，增加到 2.6 万元……投资 50 年，就增加到 117 万元。

- 如果年回报率是 30%，那么投资 5 年，1 万元增加到了 3.71 万元；投资 10 年，增加到 13.78 万元……投资 50 年，1 万元就增加为 497 929 万元（49.79 万元）。

任何一个人的时间和精力都是有限的，如果我们能够利用复利，相当于用倍增的系统来使得自己的能力和时间倍增，从而实现财富的倍增效益。

在你经济许可的时候，投资的时间价值会给你的资本带来增值，而这种价值的增长却无须你做出辛苦的努力。如果能让复利的车轮转起来，那钱就会自动生钱，让金钱为你工作。

可以说，复利是一种拼耐力和坚持力的思维方式。如果我们能充分地利用复利原则来进行投资的话，那么，这种优厚、诱人的投资回报并非遥不可及。现在小投资，将来大收益，这就是爱因斯坦的世界第八大奇迹。

二、杠杆原理：四两拨千斤的定理

相信大家知道杠杆原理：一个支点和一个长杠杆，即使很小的力气也可以抬得动重物。杠杆原理也可以充分应用于投资中，主要是指利用很小的资金获得很大的收益。

1. 以投资服装生意来说明杠杆的应用

假如你有 1 000 元钱就可以做 1 000 元钱的生意了，进货买入 1 000 元的衣服可以卖出 1 400 元，自己赚了 400 元，这就是自己的钱赚的钱，就是那 1 000 元本钱带来的利润。这是没有杠杆作用的。

从银行贷款是要给银行利息的，这个道理我们都知道。利息就是你从银行拿钱出来使用的成本。这等于是你用利息买来银行的钱的使用权，使用后你还是要还给银行的。如果你看准做服装的生意肯定是赚钱的，可以从银行贷款 10 万元，使用 1 个星期，假如利息正好是 1 000 元。这等于你用原来做服装生意的本钱 1 000 元买了银行 10 万元的使用权，用这 10 万元买了衣服，卖出后得到 14 万元。你自己就赚了 4 万元。这就是用自己的 1 000 元撬动了 10 万元的力量，用 10 万元的力量赚了 4 万的钱。这就是一个杠杆的例子。

杠杆作用常常用"倍"来表示大小。如果你有 100 元，投资 1 000 元的生意，这就是 10 倍的杠杆。如果你有 100 元可以投资 10 000 元的生意，这就是 100 倍的杠杆。例如，做外汇保证金交易时，就是充分地使用了杠杆，这种杠杆从 10 倍、50 倍、100 倍、200 倍、400 倍的都有，最大可以使用 400 倍的杠杆，等于把你自己的本钱放大 400 倍来使用，有 1 万元就相当于有 400 万元，可以做 400 万元的生意了。这是非常厉害的了。

还有我们买房子时的按揭，也是使用了杠杆原理。绝大多数人买房子，都不是一次付清的。如果你买一幢 100 万元的房子，首付是 20%，你就用了 5 倍的杠杆。如果房价增值 10% 的话，你的投资回报就是 50%。那如果你的首付是 10% 的话，杠杆就变成 10 倍。如果房价涨 10%，你的投资回报就是一倍！可见，用杠杆赚钱来得快。

2. 借钱投资的原则

投资收益必须大于借钱的成本

借钱的目的是用钱的杠杆作用来放大自己的资本能力，赚更多的利润。但借贷是有成本的所以我们必须在决定借贷前仔细分析计算，确认投资产生的效益必须大于贷款的开销，否则就是不良借贷。

投资风险在可控范围内

有些投资项目不是很稳定，风险很大，这时要分析计算自己的风险究竟有多大，自己是否可以掌控。西方社会一般不提倡借钱投资股票、期货。一个流行的说法是"你只能拿你平时用不着，输掉也不影响你生活的钱去炒股"，而不是拿你的生活费，买住房的钱去炒。而买房就不一样，房产升值稳定，即使有些短期的价格波动，房子还在，你自己住在那里，什么都不怕。而不像股票一个股下跌可能跌得什么都没有。

自己有偿还能力

借贷最重要的原则，不管投入的项目多么好，你必须得有偿还能力。如你没有偿还能力最终资金链断裂，你就全军覆灭。一般而言，家庭还贷支出与家庭收入之比不要超过 50% 比较合理。

借钱投资是增加你的资产最快、最有效的办法。当然在做这一事情以前，你要三思，做好准备，积累知识经验，确认你投入的项目是为你带来丰厚收益的。要不然借贷既能放大你的收益，也能放大你的赔本买卖。

三、不可预测性：投资市场不是一成不变的

证券市场是一个复杂的动态系统，其内部因素相互作用的复杂性以及外部因素的难处理性，使得其运行规律难以被理解和刻画，所以说投资市场具有不可预测性。

然而，许多投资者最喜欢做的事却是预测，或者让他人帮忙预测，这其实是对市场缺乏了解的一种表现。纵观古今，无论是大盘还是个股，从没有人能正确预测出具体点位或价位，最多也就是根据当时的走势判断一下趋势如何。

"股神"沃伦·巴菲特和基金经理彼得·林奇就告诫投资者："永远不要预测股市。"因为没有人能预测股市的短期走势，更不可能预测到具体的点位。即使有一次预测对了，那也是运气，是偶然现象，而不会是常态。

巴菲特说："我从来没有见过能够预测市场走势的人。""分析市场的运作与试图预测市场是两码事，了解这点很重要。我们已经接近了解市场行为的边缘了，但我们还不具备任何预测市场的能力。复杂适应性系统带给我们的教训是，市场是在不断变化的，它顽固地拒绝被预测。"

他坚持认为，预测在投资中根本不会占有一席之地，他的方法就是投资于业绩优秀的公司。他还说道，"事实上，人的贪欲、恐惧和愚蠢是可以预测的，但其后果却是不堪设想。"在他看来，投资者经历的就是两种情况：上涨或下跌。关键是你必须要利用市场，而不是被市场所利用，千万不要让市场误导你采取错误的行动。

其实，只要我们仔细想想，就知道那些所谓的预测是不可靠的。如果那些经济预测专家能够连续预测成功的话，他们早就富可敌国了，还用得着到处奔波搞预测吗？

虽然，股市的具体点位是无法准确预测的，但大的趋势还是可以判断的。其实，彼得·林奇的"鸡尾酒会"理论是一个寻找股市规律的有效工具。

在鸡尾酒聚会上，不同职业、不同阶层的人们彼此相识、聊天。彼得·林奇从参加鸡尾酒会的经历上，总结出了判断股市走势的四个阶段。

第一阶段	当彼得·林奇介绍自己是基金经理时，人们只与他碰杯致意，然后漠不关心地走开。他们更多的是围绕在牙医周围，询问自己的牙疼病，或者宁愿谈论明星的绯闻，没有一个人会谈论股票。彼得·林奇认为，当人们宁愿谈论牙病也不谈论股票时，股市应该已经探底，不会再有大的下跌空间。
第二阶段	当彼得·林奇在介绍自己是基金经理时，人们会简短地与他聊上几句股票，抱怨一下股市的低迷，接着还是走开了，继续关心自己的牙病和明星的绯闻。彼得·林奇认为，当人们只愿意闲聊两句股票而还是更关心自己的牙齿时，股市即将开始抄底反弹。
第三阶段	当人们得知彼得·林奇是基金经理时，纷纷围过来询问该买哪一只股票，哪只股票能赚钱，股市走势将会如何，而再没有人关心明星绯闻或者牙齿。彼得·林奇认为，当人们都来询问基金经理买哪只股票好时，股市应该已经到达阶段性高点。
第四阶段	人们在酒会上大谈特谈股票，并且很多人都主动向彼得·林奇推荐股票，告诉他去买哪只股票，哪只股票会涨。彼得·林奇认为，当人们不再询问该买哪只股票，反而主动告诉基金经理买哪只股票好时，股市很可能已经到达顶部了，大盘即将开始下跌震荡。

　　既然投资市场具有不可预测性，那么最好的办法就是不要预测股市。正如巴菲特所说："对于未来一年后的股市走势、利率以及经济动态，我们不做任何预测。我们过去不会，现在不会，将来也不会预测。"投资者应该关注企业的基本面，而不要去枉自预测市场的变化。

四、二八定律：想法成为挣钱的那一拨

　　二八定律也称巴莱多定律，是 19 世纪末 20 世纪初意大利经济学家巴莱多发

现的。他认为，在任何一组东西中最重要的只占其中一小部分，约为 20%，其余 80%的尽管是多数，却是次要的，因此又称"二八法则"。

二八定律是可证的，而且已经被不断证明。

今天，人们惊奇地发现，"二八法则"几乎适用于生活的方方面面，如股票市场 80%的人赔钱，只有 20%的人赚钱。从理财角度来说，它有两层含义：首先，在家庭理财上，投资的金融品种不必面面俱到，应抓住关键的少数重点突破；其次，对于一个理财产品不仅要看到收益，更要看到收益背后的风险补偿。

现代市场瞬息万变，能够把握一种流行趋势实属不易。所以，这就要求我们在做出任何一项理财决策之前，必须仔细研究分析市场，既要能赶上潮流，更要超前于潮流。因为人们的需求在不断地变化，市场也在不断地变化，今天畅销的产品，也许明天就无人问津了。把握市场变化就像跳舞一样，快于节奏或慢于节奏都不行。

日本商人运用"二八理论"取得成功

钻石，是一种高级奢侈品，它主要是高收入阶层的专用消费品，一般收入的人是购买不起的。因此，人们都存在这么一个观念：消费者少，利润肯定不高。绝大多数人都不会想到，居于高收入阶层的少数人却持有多数的金钱。换句话说，一般大众和高收入人数的比例为 78:22。但他们拥有的财富比例却要倒过来 22:78。一位日本商人正是看中了这一点，他把钻石生意的眼光投向了这些只占人口比例"22"的有钱人的身上，一举取得了巨额的利润。

但他刚开始来到东京的 S 百货公司，要求借该公司的一席之地推销他的钻石时，该公司断然拒绝了他的这个请求。最终他说服了 S 公司，但该公司为他提供的 M 店远离闹市，顾客极少，生意很不好，但这位商人对此并不过分担忧。

当时，S 公司曾不满意地说："钻石生意一天最多能卖 2 000 万日元，就算是很不错了。"

该商人立即反驳说："不，我可以卖到 2 亿日元给你们看。"

这在当时的商人看来，无疑是狂人的说法了。但这个日本商人却胸有成竹地说出了这番话，无疑是源于他自己对"二八原理"的信心。

之后不长时间，这个商人的生意就红火起来。他先是在 M 店取得日 6 000 万日元的好利润，大大突破了一般人认为的 500 万日元的效益估量。当时正值年关降价大拍卖，吸引了大量顾客，这个商人就利用这个机会，和纽约的珠宝行联络，运寄来的各式大小钻石都被抢购一空。接着，他又在东京周围分部设立营销点推销钻石，生意极好。

没过几年，钻石商的销售额突破了 3 亿日元，他已经实现了曾许下的诺言。

他的钻石生意成功了，奥秘究竟在哪里呢？就在于"二八原理"。

因此，当你决定要投资理财的时候，眼光一定要独到一点。"**不要把你所有的鸡蛋都放在一个篮子里**"，这个曾获诺贝尔奖的著名经济学家詹姆斯·托宾的理论，已经成为众多老百姓日常理财中的"圣经"。但你是否知道著名的经济学家凯恩斯也提出过一条著名的投资理念，那就是要把鸡蛋集中放在优质的篮子中，这样才可能使有限的资金产生最大化的收益。

之所以说"篮子"多并不能化解风险，主要是因为目前许多理财产品都是同质的，你所面临的系统风险是一样的。举个例子来说，你投资了债券，又去买了债券基金，一旦债券市场发生系统风险，你的两个投资都会发生损失。

因此当你决定投资时，首先要关注的不是理财产品的收益率，而应该对这些理财产品进行分析，尽量把 80% 的"鸡蛋"放在 20% 牢靠的"篮子"里，而不要选择一些太过于"同质"的理财产品反复投资，这样不仅达不到分散资金的目的，反而可能会加大风险。同时，一旦选定好自己中意的项目，就应该把握"二八原理"，力争使资金收益最大化。

五、安全边际：赔钱的可能性越小越安全

价值投资两个最基本的概念就是安全边际和成长性，其中安全边际是比较难把握的。这也很正常，因为如果人们学会了确定安全边际，短期虽然难免损失，但长期来看应该是不赔钱的，这样好的法宝当然不容易掌握。

1. 什么是安全边际

安全边际，顾名思义就是股价安全的界限。这个概念是由证券投资之父本杰明·格雷厄姆提出的。作为价值投资的核心概念，安全边际在整个价值投资领域中处于至高无上的地位。它的定义非常简单而朴素，即内在价值与价格的差额，换一种更通俗的说法，就是价值与价格相比被低估的程度或幅度。

格雷厄姆认为，值得买入的偏离幅度必须使买入是安全的；最佳的买点是即使不上涨，买入后也不会出现亏损。格雷厄姆把具有买入后即使不涨也不会亏损的买入价格与价值的偏差称为安全边际。格雷厄姆给出的是一个原则，这个原则的核心是即使不挣钱也不能赔钱。同时安全边际越大越好，安全边际越大获利空间就会自然提高。

2. 为什么会有安全边际的概念

安全边际不保证能避免损失，但能保证获利的机会比损失的机会更多。巴菲特指出："我们的股票投资策略持续有效的前提是，我们可以用具有吸引力的价格买到有吸引力的股票。对投资人来说，买入一家优秀公司的股票时支付过高的价格，将抵销这家绩优企业未来 10 年所创造的价值。"这就是说，忽视安全边际即使买入优秀企业的股票也会因买价过高而难以赢利。

对于投资者来说，不能忽视安全边际。但什么样的情况下股票就达到安全边际，股价就安全了呢？10 倍市盈率是不是就安全呢？或者低于净资产值就安全呢？未必是。如果事情这么简单，那就人人赚钱了，股市也就成了提款机。

我们打个比方，鸡蛋 8 元钱一斤，值不值？就现在来说，不值。这个 8 元钱是价格，我们还可以去分析一下价值，从养鸡、饲料、税费、运输成本折算一下的话，可能是 2 元钱一斤，那么这个 2 元钱就是鸡蛋的价值。什么是安全边际呢？就是把价值再打个折，就能够获得安全边际了。例如，你花了 1.8 元买了一斤鸡蛋，你就拥有了 10%的安全边际，你花了 1.6 元买了一斤鸡蛋，那你就拥有了 20%的安全边际。

所以安全边际就是一个相对于价值的折扣，而不是一个固定值。我们只能说，当股价低于内在价值的时候就有了安全边际，至于安全边际是大还是小，就要看折扣的大小了。

安全边际不仅让我们赔得少，而且让我们赚得多，原因很简单，因为买价低。比如说，一只股票的股价从 2 元上涨到 12 元，内在价值是 4 元，2 元则有了很大的安全边际。巴菲特在 2 元买，一般价值投资者在 4 元的价值线买入，技术分析家则根据趋势在 6 元买入，结果是巴菲特赚了 5 倍，一般价值投资者赚了 2 倍，技术分析家赚了 1 倍，这是个还算不错的结果。如果股价从 2 元上涨到 6 元，巴菲特赚 2 倍，一般价值投资者赚 50%，技术分析家还可能赔钱。

或许，有人会说大盘涨起来的时候都没有安全边际了；但问题是在市场极度低迷的时候，很多有很大安全边际的股票却根本无人问津。

话说回来，安全边际能不能保障股价就安全了？未必。最大的安全边际是成长性。比如说，一个生产寻呼机的企业只有 5 倍市盈率，不高吧？可是现在连寻呼台都找不到了，安全就是笑话。可见，只有在具有成长性的前提下安全边际才有意义。

关于安全边际的理解其实非常容易，但是怎么判断安全边际或者什么时候才真正到了跌无可跌的时候是非常困难的，还有就是安全边际迟迟不来怎么办等。

根据格雷厄姆的原意就是"等待"。在他眼里，人一生的投资过程中，不希望也不需要每天都去做交易，很多时候我们会手持现金，耐心等待。由于市场交易群体的无理性，在不确定的时间段内，比如，3~5 年的周期里，总会等到一个完美的高安全边际的时刻。换句话说，市场的无效性总会带来价值低估的机会，那么这个时候就是你出手的时候。

如果你的投资组合里累积了很多次这样的投资成果，从长期来看，你一定会取得远远超出市场回报的机会。所以，安全边际的核心就在于把握风险和收益的关系。

其实，对安全边际的掌握更多是一种生存的艺术。投资如行军打仗，首先确保不被敌人消灭掉是作战的第一要素，否则一切都将无从谈起。这一点在牛市氛围中，在泡沫化严重的市场里，显得尤为重要。

六、洼地效应：投资区域越安全越容易吸引资金的流入

在经济发展过程中，人们把"水往低处流"这种自然现象引申为一个新的经济学概念，叫"洼地效应"。从经济学理论上讲，"洼地效应"就是利用比较优势，创造理想的经济和社会人文环境，使之对各类生产要素具有更强的吸引力，从而形成独特竞争优势，吸引外来资源向本地区汇聚、流动，弥补本地资源结构上的缺陷，促进本地区经济和社会的快速发展。

简单地说，指一个区域与其他区域相比，环境质量更高，对各类生产要素具有更强的吸引力，从而形成独特的竞争优势。资本的趋利性，决定了资金一定会

流向更具竞争优势的领域和更具赚钱效应的"洼地"。

"洼地效应"是近两年比较流行的词,在经济学的财经分析中我们常会看到。比如,中国市场的巨大投资潜力和发展空间,吸引到越来越多的国际投资者的目光,使外资投入持续增加,这就说中国在全球经济中产生了洼地效应;也可以形容江浙一带对人才的吸引,说其民间资本的持续发展产生了洼地效应;而当解释蓝筹股在弱市中的井喷行情时,就会比较其动态市盈率和平均市盈率,说其产生了价值洼地。

如何在股票市场找到真正的"洼池"

A 如果发现有做实体产业,每股业绩高达1元以上,而且其产业方向和经营业绩基本能处于长期稳定,在经济危机中不但没遭受重创,还能迅速翻身挺过来的公司股票,则是属于"洼地"的投资目标。

B 遭受长期冷落,但关乎国计民生的股票。例如,属于人民大众最重要的吃饭问题的粮食和农业概念股,是可以而且必须持续发展的永恒产业,如果其业绩和发展预期良好,而且没有被爆炒过,则属于价值洼地,非常具有投资价值。

C 关注那些属于国家规划扶持发展,真正生产与科研结合,有能力、有规模、有实力做新能源产业的,必然在不远的将来影响到后续人类的生产、生活方式,无论现在起始阶段多么迷茫,或是股价已被炒得很高,但只要是符合全球人类革新方向的,就还值得长远投资布局,不过可能需要投资者有一定耐心。

第十一章
CHAPTER 11

理性消费，女人的幸福理财经

女人都喜欢逛街购物，而且经常会因为消费不节制，成为"月光族"。各大百货公司和网购平台每逢节假日、周年庆打出的促销活动真是让人眼花缭乱，不知不觉中就能让很多的女性朋友疯狂消费。由此看来，理性消费是女性一个非常重要的理财课题。

一、合理消费，不做"Buy"金女

每逢节日，各大商场和网络购物平台就会推出不少促销活动，不知不觉中，很多女性朋友的荷包就会大出血。尤其是一些网购活动，有些女性朋友甚至为了抢货等到 0 点活动开始，而且有些会在活动开始之前就把许多商品放到购物车，只等节日到来，快速结账。

双十一大促来袭，网购成了丁小姐每天最喜欢做的事情，她早早就打探好要买的东西，从前一天晚上的零点就开始守候，足足在电脑前守了一个晚上。

因为绑定的是苏先生的银行卡，而苏先生晚上手机更是响了好多次。一个晚上下来苏太太那是立下"战功赫赫"，早上苏先生一算余额发现，苏太太网购总额竟然高达 12 000 元。

与苏太太相似的还有丁小姐。

看着自己的网购消费记录，丁小姐心情复杂。即使她特意放弃凌晨的"秒杀"，只在上午上网看看，希望不要被"抢货"的氛围所影响，但仅仅半小时后就表示"又没控制住，花掉 2 000 多元。"

最后查看自己的账目才发现，短短三十天内，她在网购上的消费已经破万，虽然她一直强调买来的大多数商品都是有用的，但就拿大批廉价的夏装来说，起码还要等半年后才能用上。

这些促销活动真的会让你省钱吗？并不一定，有些女同胞在购买时只是看着便宜，自己也不一定真的需要，买的是一堆无用的商品。能挣的不如会花的，究其本意就是好钢要用在刀刃上。能挣是用自己所能去争取，靠自己的勤劳获取赢得的利益；会花就是花有所值，而不是做毫无意义的消费。

月薪不过 1 500 元的年轻上班族，身上穿的衣服价值上千元；一个原打算上街买些食品就回来的年轻妈妈，可能拎回一套新衣服。很多白领女性、单身熟女，甚至是年轻的妈妈族，因为消费不节制，而成为"月光族"、"透支族"，甚至是债台高筑的"负债族"。

女性朋友学会聪明消费也是非常重要的，因为花钱消费，应该是要让自己的生活过得更好，而不是要让自己背负债务，那还真是得不偿失！

可是，很多人还无法察觉自己的消费无度。那么，到底要怎样才知道自己是不是位"Buy"金女呢？先看看你是否有以下的情形：

- 衣橱里有几件以上没穿过的新衣服

- 心情变化很快，花了钱之后，心情马上又低落了

- 把婚礼或活动当成构成的借口，而不是着重于分享别人的幸福、快乐

- 淘宝等网购平台的购物车总是有好多商品

- 京东白条、花呗、信用卡等欠费额很高

如果你有上述几条所描述的情景，那么你需要改变自己的消费模式了。那么女人如何做到理性消费呢？

要制定购买清单，以及大致价格总数。这样，在购买完商品之后，你就不会惊讶了，因为价格总数与自己算得差不多，心理上也会好接受点。

如果实在忍不住，可以找个人去监督你疯狂购物。很多人都喜欢和朋友一起去购物，一方面是为了自己不孤单；另一方面是希望对方在自己买衣服的时候，给自己提一下意见。这都是可以理解的，但是你千万不要带一个比自己购物还疯狂的人去，因为你会有向她学习的冲动。所以，还是找一个比较能理性购物的人陪自己一起去购物比较理想。

如果是网上购物，可以把喜欢的商品先收藏或者放到购物车，等几天再去看，如果觉得确实有必要买或真的喜欢，再付款。在选择和购买之间留一个时间差，更能看清自己真正的需求。

通过消费的方式，来提升自己和家庭的生活质量，实现自己的一些梦想等。女人是绝对的消费大户，不管是单身女性，还是家庭主妇，基本上都负责着整个家庭的消费开支安排。因此，应该用理财的思维去消费。做到既能保障家庭基本

生活质量，又能控制在合理的消费额度之内。若是能够做到消费不超标，对财富积累有好处。

二、只需三步，摆脱"月光女神"

有些年轻的职场女性，总是将每月赚的钱在下次发工资之前花光。这些月光女神的口号是"挣多少花多少"。而且随着信用卡的逐渐普及，刷卡消费和透支消费已经成为许多女性朋友的生活方式，除了每月将到手的工资花光外，一些信用消费也不会少。

虽然月光女神这个称呼很好听，但说起自己从荷包满满到月月精光，再到负债累累，那真是一部血泪史。其实，不做月光女神也不难，只需三步就可以。

第一步：找出原因 ——方法：记账

要想不做月光族，一定要找到自己的钱都花在了什么地方，有哪些消费是不必要的。当然，要找到原因，最主要的方法就是记账。记账有以下几个要点：

记账要分类

记账不必太复杂

记账后要做好分析

记账要坚持

（1）记账要分类别

如果记流水账会比较杂乱无章，想理出头绪十分困难。因此，记账时要分为几部分，如衣、食、住、行、通信、娱乐、教育等。然后将花销逐笔计入对应分类，钱去了哪里一目了然。

（2）记账不必太复杂

记账是不是越仔细越好？如果所有的账都记下来，又琐碎又费时，记账可以简化。比如，划分好类别后，仅将相对应的花销计入即可。

其他零散花费采取如下办法记账：每周日晚盘点钱包现金，记下金额，下周钱包里的现金花销就不记账了，到下周日晚盘点，看花费了多少，将金额一次性计入"日常花费"类别。

这种方法将琐碎的记账流程大大简化，方便我们日常消费的记账，记账也变得更容易坚持。

（3）记账要坚持

任何事情最忌讳的就是三天打鱼两天晒网，记账也是如此。为了更快地弄清金钱的去向，我们需要完整的消费记录。如果消费记录不够完整，则失去了它的价值，分析也就毫无意义。一般而言，记账最少要坚持三个月以上。

（4）记账后要做好分析

记账只是过程，分析才是目的。每个月结束后，要对照自己的账本，看自己的钱主要用在哪个类别上，占花销比例是多少。这一步才是关键，也是记账的意义所在。

经过记账，我们找出月光的原因，接下来就是制定"脱光"计划了。

第二步：制定计划——方法：预算

弄清楚月光的原因后，还要分析摆脱"月光女神"的可行性，通过预算来控制花费。

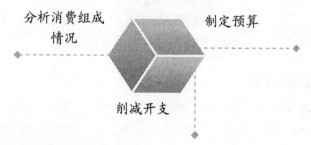

分析消费组成
情况

制定预算

削减开支

（1）分析消费组成情况

通过记账知道了资金流向，接着就要分析消费的组成情况了。消费主要分为两种：硬性支出，比如，房租、水电、食品等；弹性消费，比如，购物、娱乐、外食等。我们需要区分开硬性消费和弹性消费，为下一步削减花费打基础。

（2）削减开支

硬性支出是我们生活中必不可少的部分，所以削减开支要从弹性消费下手。首先看看这些弹性消费是否有必要，如果在合理范围内则保留，否则就进行削减。

（3）制定预算

根据收入，先减去硬性支出，剩余的再做一个分配。首先将其中的一半拿出作为储蓄，再将剩余的一半分配至弹性消费。

预算类别与记账类别一致，将每一份预算支出填列到相应类别。如果自制力不强，可以做周预算或月预算；如果觉得自己自制力不错，则可以直接做全年的预算。

第三步：执行计划——方法：制造障碍

找到了原因，做好了预算，剩下的就是执行了。俗话说"说起来容易，做起来难"，执行这一步往往也是最难的。许多人之所以没能脱离"月光族"，也是输在了执行上。

执行最重要的就是自制力，偏偏"月光族"最缺的就是它了。这时我们不妨给自己制造点障碍，让计划更顺利地执行。

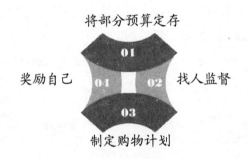

将部分预算定存
01
奖励自己 04 02 找人监督
03
制定购物计划

（1）将部分预算定存

为避免忍不住拿出来花掉，可以选择定存，这样不到期是不能支取的。比如，国债、保本基金、银行理财、固定期限的 P2P 等，总之就是想花也拿不出来。强制性的存款，可以减少自己的支出，为自己攒下一笔资金。

（2）找人监督

如果自己意志不够坚定，就算投资定期理财产品也阻止不了你消费，那就找个人来监督自己，比如，将钱交给父母、老公保管，取消微信、支付宝等快捷支付方式，把卡交给家人保管，要想取钱，必须向家人申请等。这样一来，束缚加强，想要成为月光族也就不那么容易了。

（3）制订购物计划

对于不是必须又实在想买的东西，制订一个购买计划，每天在抽屉里存一点钱，直至攒够想买东西的金额为止。而此时往往已经不想买或者想买的东西已经卖完了。如果攒够钱后，还是很想买的话，那就果断买吧！

（4）奖励自己

给自己定一个目标，完成了就给予相应的奖励。目标完成的困难程度决定奖励的大小。比如，一份美食，一次旅行等。通过一个个奖励，鼓励自己不断进步，生活更有乐趣。

上述的三步，如果能够坚持半年以上，基本就已经养成了良好的消费习惯，不做"月光女神"也就变得轻而易举。

三、这些习惯看似省钱，实则浪费

生活中，相信我们多少都有过这样的经历：

为了得到一套可爱的小礼品，每天吃同一家餐厅的食物，吃到自己想吐。

开车到很远的地方，只为用掉一张优惠券。

网购时为了让商家包邮，买了更多根本用不着的东西，简称"凑单"。

逛超市时看到日用品打折，于是就开始囤货，结果到了保质期也没有用到。

随着各种市场营销力度不断加大，超市里、商场中、网络平台、APP，各种各样的打折促销活动，让人目不暇接。有些商家举办的活动，表面上看上去优惠力度比较大，实际上却暗藏玄机。

削减日常开支，做好理财规划是女人们必须要做的事情，因为这里省点、那里省点，长久积累下来就会变成一笔可观的数目。但是以什么样的方式省钱，则需要特别清醒的头脑了，并不是所有的省钱策略真的会省钱，有一种消费其实叫做浪费。

那么，你有以下看似省钱实则浪费的习惯吗？

1. 在理发店办卡，卡未到期店搬家

张敏在朋友的推荐下去了一个不错的理发店，在询问价格时，对方说："如果没有会员卡找店长剪发一次是 60 元，如果办理一个储值会员卡，算下来一次是 45 元。"

思考之后，张敏决定一张卡，住得比较近，去理发也方便。可是没多久自己就换了住处，去理发的次数就少了。

一天，她和闺蜜出去逛街，正好离那家理发店比较近就过去了。到了店里才发现店铺还是理发店，不过已经更名易主了。

好在他们的电话没变，张敏在电话中得知，店铺已经搬到了万达附近。当张敏询问作为会员为什么没有收到搬迁通知时，他们的答复是已经通知了，至于为什么没有收到，他们也不清楚。

相信许多女人都会有这样的经历，认为剪发是一件很频繁的事情，于是在店内推荐办卡时，为了每次剪发能够省一点，果断成为会员。但是没去几次，不是店铺换地址，就是自己不去了。最后一算，自己不但没有省钱，每次剪发的钱比单次付费还要高。

因此，在办理储值类会员卡时要理智，确保自己会用完，而不会半途而废。如果店主换地址或关门大吉，也要通过一定手段维护自己的权益。

2. 办保健卡，余额尚有卡丢失

现在许多女人白天要上班，回家后还要做家务，有时难免会身体不舒服。为了健康，她们可能会办一些保健卡，当颈椎不好时可以去做一下按摩。这样第二天才能更好地工作。

但是许多保健卡都是储值类的，而且收费也不低。很多人都觉得做 SPA 什么的办卡更实惠，其实不然，现在的卡基本上都是预付费的储值卡，表面上看是便宜了，但是自从你交费那一刻起，这张卡就由自己保管了。如果保管不善丢失，卡内余额是无法转出并补办的。

3. 为了折扣而囤货，货未用完已过期

很多人都有囤货的习惯，尤其是赶上超市搞活动的时候，看到商品大减价会一次买很多，却忘了东西都是有保质期的，当时买的时候确实很便宜，但是那些之所以大减价，其中一个重要原因是临近保质期了。

如果仅仅是因为打折而不是根据自己的实际需求囤货的话，真的是一种极大的浪费。

因此，下次再逛超市看到大减价的时候，先别着急买，先问问自己：一次买这么多，我用得完吗？别当时看着是战利品，过后成了无用的废品。

把钱用在刀刃上，有钱不买半年闲，这才是真正的省钱。不要以"省钱"之名行"浪费"之实，赚钱不容易，且花且珍惜。

四、掌握讨价还价的购物艺术

女性购物讨价还价是一门很高的艺术，心理素质要绝对稳定，须在瞬间掌握对方的心态，即时组织好自己的语言，并在拉锯战中要做到进可攻，退可守，还要随时调整心态，随机应变，必要时能面不改色心不跳地转变立场。

虽然讨价还价看起来简单，其实还真不简单。我们先看看讨价还价会涉及的几个概念。

下面这几个相关概念很重要，将决定你个人讨价还价是否成功，以及精神上是否愉悦。其实就是觉不觉得自己赚大了，还是觉得自己多掏了冤枉钱。

（1）成交价格

这个大家都知道了，如果最后生意谈成，肯定有一个成交价格。比如，一件外套卖的想 300 元卖，买方同意，那 300 元自然就是成交价格了；如果商家定价 300，而消费者讨价还价之后以 280 元成交，那么这时的成交价格就是 280 元。

（2）成本

虽然大家都知道成本是什么，但我们这里要说的成本计算方法并不一样，注意：假设老板花 100 元买进一条裤子，运费为 10 元；裤子差不多一个月才能卖出去，那么这一个月 100 元的银行最低利息可能就是 1 元（财务成本）；老板自己一个月的精力也在 10 元左右（机会成本）；其他的水电门面等也要摊个 10 元；各种税大概 3 元；以及一些杂七杂八的费用 5 元。那么这条裤子的成本就是 100+10+1+10+10+3+5= 139。注意了，成本是 139 元，而不是我们一般认知中的 100 元。

（3）最低售价（老板心里的底线，你永远不会知道）

在老板看来最低售价就是上述成本。以成本概念中裤子为例，在这个售价上其实老板赚的就是 1（财务成本）+10（机会成本）=11。如果赚不到这个钱，那老板还不如关门回家，钱存银行或者借给他人做生意呢！

（4）买方估价

因为我们是在讨论讨价还价，是站在买方的角度来谈的，所以一些概念更多的是从买方的角度考虑的，比如，你通过各种经验，各种了解，对这件大衣的估价是 320 元，那么 320 元就是你愿意买进且会感到愉悦的价格。

（5）卖方剩余

卖方剩余=成交价格－成本。此值越大，卖方越高兴，你被宰的可能性也越大，此值接近于 0，就证明你是个讨价还价高手，如果你每次能让这个数值为负数，那么你适合当老板，恭喜恭喜！

（6）买方剩余

买方剩余=买方估价－成交价格。此值越大，买方越高兴，你觉得自己赚大的可能性也越大，但是你被宰的可能性也越大，不过没有关系，反正就图个高兴呗！此值接近于 0，就证明你不适合买东西，还是找人代劳吧！如果每次都让这个数值为负数，那么你买东西简直就是受罪，买了东西也没有达到精神愉悦，赔了夫人又折兵。

不管你估价多少，只要你最终能够谈下来的成交价格都大于估价，那么最好放弃（如果你在讨价还价的过程中随着对产品的了解，而不断提升估价，那是另外一回事）。

讨价还价的 8 个步骤

步骤1：声东击西	当你看好某商品时，不要急着问价，先随便问一下其他商品的价格，表现出很随意的样子，然后突然问你想要的东西的价格。店主通常来不及防范，报出较低的价格。
步骤2：漫不经心	当店主报价后，要扮出漫不经心的样子："这么贵？"之后转身出门。注意，"走"是砍价的"必杀技"。店主自然不会放过快到口的肥肉，立刻会减一小价。
步骤3：攻其不备	在外头溜达一圈后，再回到店中。拿起货品，装傻地问："刚才你说多少钱？是××吧？"你说的这个价比刚才店主挽留你的价格自然要少一些，要是还可接受，店主一定会说"是"。

| 步骤4：
虚张声势 | 指出隔壁同样商品才出价多少，前面那家更便宜。这一招"杜撰"虽已被用滥，但仍是砍价必要的一环。不要给时间让店主破解，立刻进入第五式。 |

| 步骤5：
评头论足 | 试着用最快的速度把你所想到的该货品的缺点列举出来。任何商品都不可能十全十美，卖主向你推销时，总是尽挑好听的说，而你应该针锋相对地指出商品的不足之处，最后才会以一个双方都满意的价格成交。 |

| 步骤6：
夺门而出 | 这个时候店主就会让你还价，先让店主给出最低价。然后给出你心目中的最低价，建议只给店主最低价的一半。店主必然不肯，这时你要做的是转身再走。店主会做出连续性的减价，不要理会，随他减吧。 |

| 步骤7：
浪子回头 | 等到店主给到他所接受的最低价后，你就可以回头重新进来，跟他说明退一步海阔天空的道理，然后在自己的最低价上加上一点儿，再跟他砍价。 |

| 步骤8：
故技重演 | 挑选商品时，可以反复地让卖主为你挑选、比试。不卖给你吧，为你忙了一通，有点儿不合算，这种情况下卖主往往会向你妥协。若还不能使你满意，便故技重施，发出最后通牒转身往外走，卖主经常会妥协。 |

五、能让你"以省代赚"的三张牌

这是一个赚钱为王的时代，但也是一个省钱有路的时代。若是真想省钱方法还是很多的。尤其是对一些家庭主妇而言，时间较为充裕，稍微花点心思就能节省不少的钱。

物价飞涨，与我们生活息息相关的衣食住行都涨声一片，只除了干瘪的荷包日渐消瘦。可是生活仍然要继续，看到漂亮的衣服、心仪的玩意还是会心动，挣扎过后还是会把它们带回家。

倘若我们在购买物品时能够打好团购牌、DIY 牌和预订牌这三张牌，那么我们就可以省下一笔不小的生活开支，就能更好地完善自己的消费计划。

团购牌　DIY 牌　预订牌

以省代赚的三张牌

团购牌：省钱、省时又省心

通过网络团购可以将被动地分散购买变成主动地大宗购买，所以购买同样质量的产品能够享受更低的价格和更优质的服务。通过参加团购更多地了解产品的规格、性能、合理价格区间，并参考团购组织者和其他购买者对产品客观公正的评价，在购买和服务过程中占据主动地位，真正买到质量好、服务好、价格合理、称心如意的产品，达到省时、省心、省力、省钱的目的。

DIY 牌：增加生活情趣

爱美之心人皆有之，很多女性用于衣服和美容上的费用占了生活开支中相当大的一部分，倘若，我们能够在一些事上做到自己亲自动手，那么我们不仅可以省下相当大的一部分开支，也可以通过动手增加生活情趣。

（1）美容类

首先要清楚自己的肤质，不要将自己的脸当成试验田，什么都往脸上抹，要找对适合自己的东西。其次挑选新鲜的材料，掌握使用量，一次性使用完毕，可以避免二次污染。现在的大超市卖场里应有尽有，只要仔细挑选一定能买到自己想要的。再者还要准备用于 DIY 的美容器具，这些小东西在超市的生活区都能找到，要保持它们的干净卫生。

（2）家居类

在家用电器的开关、插座上粘贴蕾丝花边已经不算稀奇的事儿。自己的各种创意摆件、手工绣品都会让家里既温馨又美丽。

（3）衣服类

DIY 改动时尽量选择同材质的衣物，方便接头的缝纫，因为有的材质如真丝、雪纺可能在针线脚处容易挣脱开线。混搭之后，颜色尽量不要太多，不然看上去会很杂，反而会削弱衣服的特色。多件衣服拼凑时，要尽量简单，不可能把所有自己想要的元素都放在同一件衣服上，那会看上去很繁重。

预订牌：省钱就是王道

无论是出差公干还是出外旅行，预订酒店都是非常普遍的问题，该出门的还得出门，该住酒店的还得住酒店，所以怎么省钱才是王道，这个时候预订牌的优势就凸显出来了。

通过订房网络在酒店预订房间是最经济的办法，顾客通过网络可以货比三家，找到自己满意的酒店。而且这种方式一般比较简洁，只需在网络上输入一些信息，就立即可以查到自己所想要的酒店客房信息。选择网络方式，一般会给顾客一定的优惠，鼓励顾客通过此网络多预订客房。

六、最有价值的消费就是投资自己

众所周知，只有会花钱的人才会赚钱。投资自己就是稳赚不赔的买卖，最有价值的消费就是投资自己，让自己变得更优秀，生活才会越来越好。

那么，女人应当如何投资自己，才能让自己更优秀呢？股票有垃圾股和潜力股，人也一样，我们要努力把自己打造成潜力股。人的潜能是无限的，重要的是自己是否努力去挖掘。

要想让自己更优秀，要从以下几点进行投资：

为工作能力进行投资

投资自己的形象，做一个自信的人

投资自己的健康

投资自己的大脑

1. 为工作能力进行投资

工作可以说是我们生存的根本，做到财务自由的基础。为了让自己更有钱、更优秀，我们要扎实沉稳的工作，对可能的失败早有准备，时刻准备着把握机遇。我们可以适当为自己的工作能力投资，不断地学习相关知识，这样不仅能让工作如鱼得水，也会为自己以后的发展提供很大的帮助。积极地暗示自己，勇敢地采取行动，你的能力和事业自然会有长足进步。

2. 投资自己的形象，做一个自信的人

自信是使人生走向成功的第一秘诀。穿衣得体、整洁，重视礼仪、修炼谈吐，因为你的举止就是你的门面。因此，女性朋友可以参加一些礼仪培训或者瑜伽课程，让自己变得更加完美，也是热爱生活的一种表现。

3. 投资自己的大脑

人差别最大的就是思考方式，你的思维决定了你的未来。脑袋决定口袋，这一点是真理。要不断地学习，没有学习能力就等于文盲，如果你抛弃了知识，你就会被命运抛弃。成功人士都是主动学习的，主动寻找自己所求的运气，找不到就去创造运气，知识决定你的力量。

4. 投资自己的健康

身体是创造和享受生活之本，每天做一些有益身心的锻炼。要有强身健体的意识，提高身体素质，减少目前乃至将来在医疗上的支出。不要等累了才休息，不会休息的人就不会工作。健康合理的饮食会赶走疾病。

必要的投资让自己更优秀。微笑、淡定、荣辱不惊，拥有气质上的优势。自身能力的提升，也会让财运更加好。

投资自己不是浪费，而是最有价值的消费。这是一种生活态度，是积极向上的追求。坚持改进，不断完善自己，我们才会成功。

七、天下没有免费的午餐，警惕免费消费

"免费"一词对许多女性朋友的吸引力是非常巨大的，她们在听到免费试用或者免费尝试时，往往会大胆一试。可是这些免费真的好吗？

而很多商家就是抓住女性消费者的这种心理，在经济利益的驱使，为达到促

销目的，千方百计在节日期间或在一些繁华地段、人流较多的地方，提供"免费消费"、"免费试用"、"免费品尝"等销售手段吸引女性消费者。消费者有时很难辨别其真伪，很容易就被所谓的"免费"所迷惑。但是，我们一定要明白天下并没有免费的午餐。

正在逛街的张祥被美容店的店员热情地拦了下来，因为新店刚开张，可以免费做面膜并且送一些产品，心动的张祥走进了店里。

店员给她涂上面膜膏，按摩时店员说："美女，你的皮肤有些粗糙，最好做一个仪器检测。"因为进来的时候，一直强调是免费体验，所以张祥也就答应了。

店员一边检测一边说道："美女，如果仪器检测之后，脸上出现黑色的物质就要收 700 元检测费的。"张祥自信自己的皮肤保养比较好，也就答应了。可"检测"完后，张祥在镜中看到自己的脸变得面目全非，全是黑色的不明物。

张祥立刻要求清洗面部，店员说："清水洗不掉，必须用专门的护肤产品才可以，不然脸部会红肿溃烂。"说完另一个店员拿来一张清洗价目表，张祥看了一眼价目表后受到了二次惊吓，洗一次脸要 3 000 元！店员看到张祥的反应后，立刻说道："3 000 元只能洗一次不划算，5 000 元套餐的话可以进行 10 次深度面部清洁，6 000 元的套餐可以做 20 次清洁，还送 10 次按摩减肥疗程。"

看到张祥犹豫不决，两个店员一唱一和地"安抚"张祥，最后张祥选择了 6 000 元套餐。在清洗完后，店员说最好做下保养，不然会造成很多皮肤问题。看着自己又红又疼的面部肌肤，张祥担心真的会让皮肤受损，便同意了。

护理时，店员走进来要求张祥交钱，张祥不同意，在店外的男店员也进来一起帮腔，三个人把张祥围了起来，势单力薄的张祥无奈的交了钱。出店时，张祥再次被威胁警告。回到家后，张祥把经过告诉了朋友，在朋友的陪同下一起去店里要求退钱，被三人一口回绝。无奈之下，张祥报了警。

天下没有免费的午餐，商家推出的所谓免费消费或赠送消费的促销活动，常常暗藏玄机，女性消费者一不留神便会被商家带进"消费陷阱"。

有句老话叫"贪小便宜吃大亏"。美容店就是看中了消费者贪图便宜的心理，设此骗局，从而轻易得手。面对天上掉下来的馅饼，要保持应有的警惕。

街头经常有提供免费体验。这些人让消费者享受各种免费的东西，难道他们在助人为乐吗？当然不是，他们只是为了推销产品。给女性消费者先品尝一些好处，然后狠狠地赚一笔。只是很多时候，人们看不到这一点，就以为天上掉下馅饼了。

实际上，很多看起来免费的东西，背后可能都有一种陷阱在里面。缴话费赠手机的活动很让人心动。从表面看起来，交了话费，就可以免费获得手机，好像是消费者赚了，实际上却是被商家营销手段迷惑了。

虽然只是相当便宜的价格，就拥有了一部手机，并且还有等值的话费，但是由于话费是分期赠送，时间跨度很大，这就等于捆绑了消费者，消费者必须长期使用下去。

形形色色的"免费"，让我们心动不已，但是"免费"当中往往暗藏玄机。因此，在消费时一定要理性，确定自己是否真的需要，以及对方是否真的会为自己带来方便。

八、开源节流，消费既称心又省钱

你也许不是那种冲动的购物狂，但是你还是需要知道开源节流非常重要。它是一种包含自我约束和远景规划的精神实践。最严谨自律的人碰到"钱"也会出点问题，比如，怎么存钱、怎么少花钱、怎么做到两者兼顾。

尽管财务目标可能和别人不同，你还是可以建立一个简单的模式来避免买些并不需要的东西，从而省下钱以备不时之需。下面介绍的这 5 个方法，可以令你轻松实现开源节流。

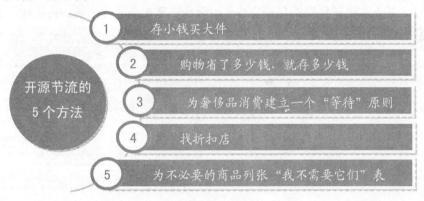

开源节流的
5 个方法

1. 存小钱买大件
2. 购物省了多少钱，就存多少钱
3. 为奢侈品消费建立一个"等待"原则
4. 找折扣店
5. 为不必要的商品列张"我不需要它们"表

1．存小钱买大件

这个方法类似于经典的"信封"诀窍，而又不失现代社会的便利性。看到闪闪发光的 Mac Book 在向你招手？立刻准备一个"苹果"购物账户，一有小钱都存在这个账户，同时保证不花账户里的钱。只要你确保这个银行账户卡不会过期，你一定会攒够买 Mac Book 的钱，而且是非常诚实地买下它，而不是用信用卡透支的方式。

2．购物省了多少钱，就存多少钱

不管是网购返利，还是团购优惠，轻松节省 10% 甚至更多不难，至于那些免费的红包、优惠券，利用好的话，也可以以超低价格享受很多的东西，省钱不丢人，将省钱的技术练好也是一种生活的智慧，因为省下来的钱，就可以扩大投资的额度。

本来 1 000 元钱的裙子，现在打六折，你 600 元就买到了，那剩下的 400 元钱怎么花，你应该存下这 400 元钱，反正本来你也没有期待这笔"横财"。

3．为奢侈品消费建立一个"等待"原则

很多人都知道"后悔药"是什么滋味，特别是当你刚花掉一大笔钱的时候。你可以建立一个"等待"列表，把你想要购买的东西列在这张表中，至少 30 天之后再回头看它。一旦养成了这种习惯，它可以帮助你分清真实的购物需求。

4．找折扣店

如果你非要花钱买东西不可，干吗不找些好买卖？如同现在很多的省钱工具一样，你也一定有很多找便宜买卖的办法。

一些折扣网站，它们可以帮你找到更优惠的产品。有的网站会自动弹出窗口告诉你哪里有免费赠品和打折商品。会帮助你了解哪些热门商品现在降价了。当然，一定要注意选择的折扣网店商品质量要有保证，如果质量得不到保障，东西再便宜也是浪费。

5．为不必要商品列张"我不需要它们"表

自我实现往往是成功的自我哄骗，你会发现所谓的"我现在非买不可的东西"多数其实是不必要的。每次你意识到某样东西不是必需的，你就把它记在一张表上，用笔记本、PDA、手机等任何方便的工具。

很快你会发现，这张"我不需要它们"列表有多长，同时你也会发现离开这些东西，你照样过日子。

九、"财女"必知的旅游省钱之道

随着人们生活水平的提高，越来越多的人倾向于出门旅游这种享受生活的方式，但我们大多数人都不是富翁，也没有很多的钱可以让自己进行奢华的旅程。

如果我们又克制不了自己出行的欲望，那么外出旅游时怎样才能花更少的钱呢？

1. 省钱基础是淡季出行

一般来说，景点有淡季和旺季之分，淡季旅游时，不仅车好坐，而且由于游人少，一些宾馆在住宿上都有优惠，可以打折，高的可达50%以上。在吃的问题上，饭店也有不同的优惠。因此，仅此一项，淡季旅游比旺季在费用上起码要少支出30%以上。

2. 合理设计出行路线

我们在外出旅游时，对自己旅游的景区要先做大致的了解，知道景区最具特色的地方是哪，哪些地方是必须要去的。在去观赏这些地方时，对一些景点也要筛选，重复建造的景观就不必去了，因为这些景点到处都有。

其次是在旅游时，尽量别坐缆车或索道，许多景点最好亲自走一遭，既省钱又能体会到它的魅力所在。也应拿出一点儿时间，去逛大街，看看景区和城市的风土人情，这样一玩，却能玩出好心情，因为它可以长知识，也可以陶冶性情。

3. 选择经济实惠的交通工具

对自费旅游者来说，首先必须选好交通工具。坐火车时间长，飞机时间短，这众所周知，但这一长一短形成了价格差。对收入不高的普通家庭来说，全家外出，选择来回乘火车是比较划算的。

但是，现在有些网站也会推出特价机票，比如，携程网、去哪儿网，这些网站有时回推出特价机票，有的甚至低至 1 折。这样算下来，既省时间价格也不会很高。

因此，在出行之前，我们可以综合考虑，多看几家来选择最适合自己的出行方式。

4. 景点门票避"通"就"分"

现在不少旅游区都出售"通票"，这种一票通的门票，虽然有节约旅游售票时间的好处，而且比分别单个买旅游景点的门票所花的钱加起来也要便宜一些。但大多数旅游者不可能将旅游区的所有景点都玩个遍。鉴于此，旅客可不必买通票，而改为玩一个景点买一张单票。

5. 跟进旅游团要货比三家

旅行社、地方旅游局、航空公司为打响某一新的旅游线路知名度经常联手搞优惠促销活动。一定要多多关注这方面的信息。此类活动通常会由目的地旅游局出资，航空公司和旅行社方共同定出推广期优惠价，有时还会采取加常规航线以外的旅游项目或赠礼物的形式以达到促销的目的。在推广期参团，可以享受服务有保障的"物超所值"。

在选择旅游团时，一定要看清报价，不要被低价格所迷惑。旅游线路的报价主要由 7 部分构成：交通费、住宿费、餐费、景点门票费、导游服务费、旅游意外保险费和其他旅游过程中要支出的直接费用，即旅游综合服务费。所以要仔细查看费用包括哪些项目。有的团虽然价格便宜，但出行后有各种自费项目、强制购物，到时花费反而更高。

6. 出门旅行，住宿要巧选择

我们出门旅行前，首先可在出游之前打听一下要去的地点，是否有熟人介绍或自己可入住的企事业单位的招待所和驻地办事处。如果有就首选这些条件较好的招待所和办事处，这样价格便宜，安全性也好。当然，在选择这些招待所和办事处时也要根据位置决定，如果十分不便于出行则不可住。

如果没有合适的就该把眼光瞄准旅馆，在选择旅馆时要尽可能避免入住在汽车火车站旁边的旅馆，可选择一些交通较方便，处于不太繁华地域的旅馆。因为这些旅馆在价位上比火车站、汽车站旁边的旅馆要便宜得多。从安全保障及吃住卫生角度看，选择住宿时应考虑档次比较高的宾馆、酒店、招待所为好，切不可贪图省钱，而入住环境较差的旅店。

7. 出门旅行，要吃就吃特色小吃

出门旅游，没必要进当地的高档饭店吃饭，再高级的饭馆，也做不出"月球餐"来。若想在食上省钱，就尽量多品尝当地的特色小吃。这些东西虽不贵，却是地地道道的本地味，而且所以能流传至今，肯定有诱人的味道。

8. 出门购物有绝招

出门旅行时，首先做到克制自己的购买欲，在旅游中尽量少买东西，因为买了东西不便旅行，而旅游区一般物价较高，买了东西也并不合算。无论是购旅游纪念品还是购旅游中的食物、饮料，抑或购买当地的土特产和名牌产品，都不必在旅游景区买，而改为专门花上一点时间跑跑市场。

同时值得注意的是，买贵重物品一定要擦亮眼睛。一些旅游区针对顾客流动性大的特点，在出售贵重物品时，可能用各种方法出售假冒商品。如果买了这些贵重物品，游客一旦回来后，发现上当了也因为路远而无法理论，只得自认倒霉。而真正体现该地区人文、历史风情的物品，未必会在景区里出售。

第十二章

CHAPTER 12

卡奴与卡神，
女人玩转信用卡的"必修课"

信用卡方便快捷，而且还能透支消费，享受一定时间的免息待遇，但使用信用卡也存在着"高额利息"的风险，很多女人在大笔一挥、签约领卡的时候，对信用卡的使用条款还没有真正的了解。等拿到账单就目瞪口呆了，或者还会以为这是银行在"乱收费"。因此，女人在使用信用卡的时候一定要多注意，千万别一不小心成了"卡奴"。

一、成功申请信用卡，这六点要注意

初入职场的妹子应该做到经济独立了，是时候抛弃爸妈的副卡，申请一张自己的信用卡了。但是，申请信用卡一定能够成功吗？并不是，我们身边也有些人申请信用卡被银行拒绝的情况，信用卡并不是想办就能办成的。

要想成功申请信用卡，需要注意六个成功批卡关键要素。按照这六点去申请信用卡，成功拿卡、获批高额卡那就是分分钟的事儿了。

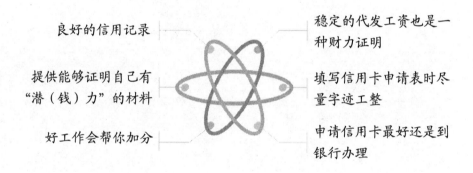

良好的信用记录

提供能够证明自己有"潜（钱）力"的材料

好工作会帮你加分

稳定的代发工资也是一种财力证明

填写信用卡申请表时尽量字迹工整

申请信用卡最好还是到银行办理

1. 良好的信用记录

良好的信用记录是顺利办卡的基础。因此，不要小视延期付款和拖延罚款，现在很多信息都是能联网查询的，不好的信用记录将会影响你去办卡、申请贷款甚至是找到好工作。

想要成功申请信用卡，良好的信用记录是必不可少的，如果你有不良信用记录办卡会比较难。

2. 提供能够证明自己有"潜（钱）力"的材料

这些材料可以是本人名下的存款或理财证明，本人名下的房产证、车辆行驶本，这些都是非常有力的财力证明。而且，在同一家银行办多种业务可能会更容易申请成功。

3. 好工作会帮你加分

如果没有上述证明自己财力的材料，好工作也会帮你加分不少。只要你的工作单位属于世界 500 强或知名企业，那么你的工作证或胸卡就直接可以当作财力证明了。

4. 稳定的代发工资也是一种财力证明

如果你的单位不是知名企业，但你有代发工资卡，并且代发记录在半年以上，那么到你的代发银行去申请信用卡同样也会非常方便，因为代发工资就是一种比较稳定的财力证明。

5. 填写信用卡申请表时尽量字迹工整

填表时要少涂改，尤其是单位信息、固定电话和通信地址，如果涂改过于严重，信用卡中心会认为你的信息不真实、不可靠，很可能会因为涂改严重便决绝给你发卡。

6. 申请信用卡最好还是到银行办理

路边和商场周边摆的各种办卡摊位还是有很多潜在风险的，比如不能很好地保管你的个人资料，然后造成个人信息泄露等问题。因此，建议还是到银行去办理更为安全。

二、信用卡，女人必须知道的七件事

我的同事靳雪属于比较早的信用卡用户，之前一直按时还款，在信用卡上也没有出现过任何麻烦。

2 月份，她刷卡消费人民币 4 万元左右。还款日前，她分多次还了这些消费金额。可事后她才知道，由于她记错了总的还款金额，她还少还了 0.8 元。之后她惊讶地发现银行在 3 月 31 日对她记了两笔共计 800 多元的利息，是所欠金额的 1000 倍！

从网上查到账单之后，靳雪立即打电话给银行的服务热线进行咨询。原来根据该银行的信用卡章程规定，如果用户某个月没有足额还款，银行将对这个月的全部消费额收取利息。也就是说，虽然只欠银行不到一元钱，银行却按照全部消费金额 4 万元收取了利息。

了解到这些，你可能会觉得信用卡既然有这么多的"陷阱"，那还是不用为好。实际上只要注意以下几点窍门就能扬长避短，轻松使用信用卡，成为时尚的刷卡达人。

1. 年费篇

我们所使用的银行信用卡多数是有年费的，且年费在 10 元至几千万元不等。越是高级的信用卡，所收年费越多。比如很多白金卡的年费在 800~5 800 元之间。你的信用卡年费是多少，你真的了解吗？

用户小梅：我只知道我的信用卡第一年免年费，之后每年刷六笔可以免年费。但是如果刷不够六次，收多少年费，我也不清楚。

资深财女：大多数信用卡是会收取年费的，当然也会采取一些鼓励措施来减免年费。如果你不知道你使用的信用卡年费是多少，那么一定要清楚刷多少次免年费。

银行为了鼓励消费者使用信用卡，会根据信用卡的级别实行刷卡免年费的政策。一般级别较低的信用卡每年刷卡消费 3~6 次，即可免次年年费；但级别较高的信用卡政策则比较苛刻，比如有的白金卡要刷满 20 次，金额超过 8 万元才能免除年费；还有的白金卡即使消费也不免年费，这个费用就无处躲藏。

信用卡的持有者在办卡时一定要了解自己的年费如何算，千万不要白白损失大笔年费。

2. 利息和滞纳金篇

用户小梅：我不知道利息和滞纳金怎么算，因为我一直都是全额还款。

资深财女：你这种做法非常正确！否则你会收到惊人的账单。下面我们先来看两个概念。

免息期，简单说就是我们消费之后相当于借了银行的钱，但是不需要还利息，最长免息期是 56 天。

最低还款额，一般是还款金额的 10%，如果我们在还款日只还了这 10%，虽然不会影响到个人信用记录，但是就不能享受免息期了，利息是照算的。

资深财女：大部分银行在利息收取方面执行的是全额计息原则，每天利率是万分之五，即如果消费者消费 1 万元，但是实际还款 9 000 元，那么 1 万元在消费日当天至还款日之间就实行全额计息。

如果消费者在还款日当天的实际还款额低于最低还款额，银行还会针对低于最低还款额的部分收取 5% 的滞纳金。

3. 分期付款利息和手续费篇

用户小梅：我前几天分期买了苹果手机，正好赶上搞活动，免利息呢！

资深财女：免了利息，免手续费了吗？

用户小梅：什么？还有手续费？

资深财女：目前大部分银行针对消费金额在 600 元以上的还款会推出分期付款业务。有些银行会针对不同的期限实行不同的利率，还有银行会推出免息政策吸引消费者来分期还款，但是要注意虽然是免息，但实际收取的还有手续费。手续费有些是一次性收取的，有些是按月收取的。

目前比较常见的分期付款期限有 3 期、6 期、12 期等。银行针对不同的期限会收取不同的手续费率。手续费有些是一次性收取的，有些是按月收取的。

举例说明：建行 6 期还款手续费为 0.7%，如果你使用建行信用卡实际消费 6 000 元，选择 6 期分期付款，那么除了每月还款 100 元外，还需要每月额外支付的手续费是 6 000×0.70%＝42 元。

分期付款只适合金额较大、较长时间内无法一次性还款的持卡人。

4. 超限费篇

一般银行都允许消费者当月实际消费金额超过信用额度的 10%，但针对超过信用额度的部分银行会收取超限费，具体收取金额一般是超过信用额度部分的 5%，按账户每月收取 1 次。

因此，消费者消费时一定要理性，牢记自己的信用额度。如果当月额度不够用，可以给银行客服中心打电话，临时提高信用额度，这样就不会有费用损失了。

用户小梅：昨天银行给我打电话，说给临时提高了 1 万元的额度，这是怎么回事啊？

资深财女：许多银行信用卡中心主动调整信用卡额度，主要是在一些长假之前，这当然是鼓励你放假期间多刷卡消费了。一般调高的临时额度为固定额度的 20%，假期结束后大概一个月的时间会将额度恢复到原来的固定额度。临时调高的信用额度不能享受分期还款的待遇，须在到期还款日一次还清。

5. 养卡篇

用户小梅：我刚办了一张信用卡，但额度只有5 000元，我想提高信用卡的额度，怎么办？

资深财女：开卡后前三个月，好好积累信用，如期按时全额还款。让银行觉得资金安全，对你很放心。然后，利用一切机会天天刷，无论大小，什么交电费、水费、电话费……别小看这些小额的刷卡记录，对于你用卡的活跃度是很有用的。刷卡金额、刷卡频率、消费类型、还款记录、用卡贡献值大小……这些是银行电脑系统考察的类别。不过不是鼓励大家过度消费，而是消费时尽量用信用卡。做到这些，对提升信用卡额度都有好处。

6. 到底要不要设密码

用户小梅：我最近出国去玩，看到国外好多人信用卡并没有密码，直接签名就可以了。

资深财女：确实，国外使用信用卡是没有密码的，刷卡的时候收银员凭签名识别。但在中国刷卡时，收银员基本不看你的签名，也就是说如果你没有设密码，别人捡到了你的卡，可能就可以拿着去挥霍了。

但在银行方面，如果你设置了密码，发生了信用卡遗失后被盗刷，责任在用卡人，因为你没有保管好自己的密码。如果你没有设密码，是有权提起争议不还这笔钱的。

总体上来说，还是设密码比较安全，但是要保护好自己的卡，刷卡的时候不要让卡离开自己的视线，也不要在不安全的环境刷卡消费，避免被"复制卡"。

7. 信用卡理财篇

上述主要是信用卡可能涉及的几项收费，如果你能正确使用信用卡，避免上述各种收费的话，那么就可以进行信用卡理财了。

（1）合理使用不同银行的信用卡优惠

各家银行都会针对信用卡推出不同的消费优惠活动。比如，开卡送刷卡金、购物打折、积分免单、刷卡返现金等。

个人可根据自己的实际情况持有2~3张信用卡，尽量错开相互之间的账单日和还款日，提高资金流动性。如果持有的信用卡数量过多，一定要牢记还款日和需要每年刷卡的次数，避免产生年费和利息。

如果哪家银行的优惠终止或者不打算继续使用某张信用卡了，一定要及时注销。如果开卡之后不刷卡消费，就会产生年费，不还年费会造成信用污点，对以后贷款买房等造成不良影响。

（2）利用信用卡理财

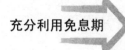

一般信用卡的最长免息期是 56 天，越接近账单日的消费其免息期越长。比如，账单日是 5 号，那么实际消费日如果是 6 号的话，其免息期是最长的。但是要注意消费日期一定要在账单日之后，如果在 4 号消费，就属于上一个账单周期了，相应的免息期是最短的。

在最后还款日之前，资金可用于投资流动性高的理财产品，比如货币基金，可选择 T+0 实时赎回到账的货币基金，充分享受理财收益。目前还有货币基金推出信用卡绑定还款服务，投资者可选择扣款日期，到期自动还款，一天的收益都不会浪费。

三、信用卡还款的门道儿，你知道吗

现如今信用卡的优惠活动越来越多，很容易让用户上瘾，持有者就算手上有现金也还是会选择信用卡消费。信用卡本身就是银行提供给用户的一种先消费后还款的小额信贷支付工具。不过提前消费没问题，信用卡还款的门道，你又知道多少呢？

各种刷卡虽然当时爽歪歪了，但是该还款时可不要抱着账单哭。信用卡什么时候还款最好？常见的还款方式有几种呢？

信用卡尽量在还款日内还款。信用卡本来就是鼓励消费的，持卡人应该充分享受这种银行卡具有的免息期，否则也不符合办卡的初衷。信用卡一般都有 20~50 多天的免息期，刷卡后，持卡人只要在到期还款日前还上就可以。

常见的还款方式有以下几种：

1. 发卡行内还款

包括发卡行柜台、ATM、网上银行、自动转账、电话银行还款等方式。还款后信用卡额度即时恢复，款项一般在当天系统处理后即可入账。

2. 跨行转账

主要分为同城跨行和异地跨行等两种方式。无论用何种方式进行转账或者汇款，汇出行都将收取一定的费用，同时款项在到账的时间和还款便捷程度上都不如同行内还款。

3. 第三方支付

目前国内比较常见的网络平台有快钱、银联在线、支付宝和财付通等，选择不同的平台和银行，收费标准和具体到账时间都有所不同。持卡人如果选择这种方式还款，要先了解还款的到账时间，以免在还款日当天还款，避免在2天后到账致使发生逾期。

4. 拉卡拉还款

目前"拉卡拉"的网点分布已经非常广了，很多便利店都支持此种还款方式。比如，7-11、快客、好德、全家、喜士多和华润等便利店。

使用"拉卡拉"还款非常方便，只要在装有"拉卡拉"设备的网点，刷任何一张带有银联标志的借记卡，给信用卡转账即可，并且不收取手续费。但要提醒消费者，一般到账时间需要2~3个工作日。因此，最好在信用卡还款日的前三个工作日进行还款。

5. 货币基金还款

并不是所有的货币基金都能还款。目前，浦银安盛基金与中信银行联合推出了货币基金信用卡关联还款业务，中信银行信用卡客户申购浦银货币基金时，只要开通该项功能，就可以在信用卡最后还款日前的倒数第二个基金开放日赎回，用于信用卡还款。

及时全额还款，不仅不会白白让银行吃利息，还能给自己留下良好的信用记录，银行会帮助持卡人积累信用积分，到一定时候提高持卡人的透支额度，或者在办理房贷、车贷时帮持卡人减少审批程序。

目前，全国个人征信系统已经在城市的银行系统联网，也就是说，假如你在银行有恶意欠款行为，就会在银行联网的征信系统中留下"痕迹"，以后买房买车需要贷款，银行不会给你好脸色，也会严加审查，提高门槛，实在是得不偿失。

四、额度不够用？教你迅速提额

在使用信用卡时，有些女性朋友会遇到这样的问题，信用卡额度太低，刷也不是不刷也不是。如果刷卡，害怕不小心刷爆了被收费；如果不刷，每年刷不够5次要交年费。

信用卡额度为什么会不同呢？信用卡额度就是银行借给你可支配的钱，银行会依据你的财务能力、信用记录等数据，为你设定额度。

对于理财的女人来说，资金的使用效率以及关键时刻可以调动的流动性都非常重要，那么信用卡使用了一段时间，就不能仅仅满足于安全用卡，还要学会养卡、提高卡片的额度，不仅让消费更加游刃有余，而且关键时刻满足支付需求，提高资金效率。

因此，下面教大家几个信用卡提额的小技巧，让你的信用卡越养越有用，成为理财的好工具。

转换思路

超额消费

主动申请

最低还款

技巧一：转换思路

对于多数人来说，信用卡提额并不简单，其实可以换个角度来解决这个问题。比如，A银行给你信用卡额度1万元，你千辛万苦地消费提额，倒不如直接向B银行申请一张新的信用卡。两张合计，总额度也是提高了。

技巧二：主动申请

一般来说，正常使用信用卡半年后，就可以主动提出电子申请或通过致电银行客服来调整授信额度。

不过，用卡也必须学会"养"卡。最基本的办法，就是学会经常刷卡，然后根据信用卡的提额规则，一到半年的期限就主动申请。现在申请提额的办法多种多样。比如，很多银行都开通了微信调额，可以临时或固定调额；或者直接致电银行客服调额，一到半年，就打电话申请。

技巧三：最低还款

要知道银行发行信用卡的最终目的不是为你我服务，也不是为广大民众服务，而是最大利润化地赚钱。银行之所以喜欢用户分期付款，是因为这样银行能赚到钱，自然也愿意给你提额了。

如果你的信用卡急切需要额度，分期还款也许是一个不错的选择。具体操作方法如下：

1 在透支消费后，即便你有能力全额还款，也不妨选择一两次归还"最低还款额"，然后在下期账单来时还清透支款。

2 此外，还可以在购买大宗消费时选择"零利率零手续费"的分期付款业务或者是"账单分期"业务。

这么做虽然让银行吃了点儿利息，却能提高你在银行的信用程度。同样的办法也适用于"互联网信用消费"。

当然，为了避免收费过高，应尽量选择短期、小额分期或者银行在做减免手续费和利息之类活动时办理类似业务。

技巧四：超额消费

"超额消费"的意思也就是频繁使用信用卡，无论金额大小，只要能刷卡的地方就刷卡消费，最好每月产生账单消费情况占总额度的 80%，你的消费额度高了，你的收入与还款都及时，银行自然喜欢你，一高兴就给你提升额度了。

需要注意的是，女性朋友要根据自身还款能力来选择是否提额，别为了贪图一时刷卡之快，盲目提额，到了还款日却还不上欠款，导致信用受损，可就得不偿失了。

五、变更账单日，可以延长的免息期

信用卡往往会给人们一种错觉，刷卡时像不要钱似的，不像花现金感受那么直观。刷卡时爽了，但收到账单时就傻眼了。眼看就要还一大笔钱了，但离发工资还有好长时间，这可怎么办？

分期？最低还款？借钱？这些都是没有办法的办法。最好的办法就是延长免息期，延迟还款，这么做没有一分钱的罚息。要想延长免息期就要变更账单日。

小双的信用卡账单日是每月的 13 日，到期还款日为每月 1 日。

假设小双在 7 月 13 日消费一笔，那么会在 8 月 13 日收到账单，还款日是 9 月 1 日。算下来一共是 50 天的免息期。

如果小双在 8 月 12 日申请将账单日变更为每月 11 日，相应地，还款日会变为每月 29 日，所以小双会在 9 月 11 日收到账单，还款日为 9 月 29 日。

于是现在这笔钱的免息期就变为 7 月 13 日~9 月 29 日，一共 78 天！延迟了将近一个月。延迟一个月还款意味着什么？意味着你能等到发工资，顺利把钱还上，危机解除！

1. 账单日想改就能改吗

账单日并不是想改就能改的，变更信用卡账单日这种大招，可是限量使用的。每个银行对于变更账单日的频率有自己的规定。比如，招行是每半年可以变更一次。

另外，需要注意不是所有银行都允许变更信用卡账单日，需要打电话详询客服确认自己的信用卡是否可变更账单日。

2. 改到哪天最划算

如果咨询客服后，客服表示能够变更账单日，那么把账单日改到哪天最划算呢？假如原账单日为 T 日，在 T-1 日做变更，把新的账单日变更为 T-2 日。这样的做法是最机智的。

把账单日改得越靠后就意味着越能拉长免息期。那么，案例中的小双为什么不把账单日改到更晚，比如每月 18 日、28 日、31 日……假如小双 8 月 12 日申请把账单日变更到 18 日，8 月 18 日就该收到账单了。这样一来非但没延后还款，还提前了，所以必须改到更改日之前的日期。

不过上述方法是最理想的状况，实际上有些银行变更账单日并不是你想哪天就哪天。比如，招行就只能从每月 3 日、13 日、23 日当中选。各行规定不尽相同，最靠谱的办法是打电话咨询客服。

需要注意的是，改账单日的方法只能偶尔用，解决的是偶尔发生的大额账单，一时周转不开。但如果你已经负债累累，欠的钱远远超出你的还款能力，延迟个十天半个月还款，也不解决实际问题，还是应该先从管理好开支做起。

六、除了消费，信用卡还有这些用途

现如今信用卡支付早就成为日常生活常用的支付方式，大家并不会随时随地都备有足够的现金。出于安全考虑，许多人不再直接刷银联卡，所以信用卡应运而生。

但是信用卡并不是只有支付功能，除了用于消费，信用卡还有许多用途，比如，记账、投资等。玩转信用卡，你将是人生赢家。

拿信用卡记账　　　　　　　　　信用卡积分用处多

用免息期投资

1. 拿信用卡记账

平时消费能刷信用卡尽量刷卡支付，并且把刷卡后的小票留好。每到账单日，这个月的单据做一下整理，计算总计金额是否跟你的还款额是一致的，如果信用卡账单中有你没有参与的刷卡消费，及时向银行反映，看是否是有盗刷的嫌疑。这个习惯可以让女性朋友了解自己平日的开支情况，看看每个月是不是会不知不觉花掉好多钱，是否有不必要的消费。

当然，也可以下载记账 APP，比如"随手记"。将软件直接和信用卡绑定，刷卡后记账 APP 会自动记录，这样会方便很多。

2. 用免息期投资

众所周知，信用卡有免息期，而且免息期一般都在 50 天左右。因此，之前有很女性朋友在免息期用信用卡的额度投资 P2P，不过这种做法的确有套现的嫌疑。因此很多正规的 P2P 平台都拒绝投资人用这种方式进行投资。不过，我们可以换一种合理的方式用信用卡投资。

首先，把信用卡绑定一个还款账户，这样到期时银行就可以自动划款还款，不用担心逾期会影响个人信用，然后每个月的日常消费就用信用卡支付就好啦。

再把每个月的工资拿去投资一些靠谱的固定收益产品，比如，理财通、京东小金库等。如此一来，自己的个人信用不会出问题，还可以利用免息期获取一定的收益。

3. 信用卡积分用处多

信用卡积分用处非常多，广大女性朋友千万不要忽视信用卡积分的作用。不同银行的信用卡积分兑换和使用的规则都是不同的，原则上是每消费 1 元记一个积分。信用卡积分可以用来兑换航空里程，还可以兑换礼品或者购物卡，这点就是银联借记卡所无法具备的福利，所以多刷卡也是有好处的。

七、避免上黑榜，杜绝刷卡不良记录

林晓敏准备买套新房。可是在买房时却遇到了难题。户主写的是林晓敏丈夫的名字，可她丈夫的信用卡有多次不良信用记录，致使房贷一直办不下来，事情发生后，开发商方面跟银行方面多次进行协商解决，但都未能成功。

如今，各大银行都推出了信用卡服务。刷卡消费在为市民带来便利和优惠的同时，也暗藏着各种风险。很多女人不懂得科学刷卡，就往往因为各种不良的刷卡习惯给自己带来各种麻烦。比如，不良信用记录就是其中一种。据了解，如果信用记录表明此人每次还款的时间都逾期，银行可能会要求其提供实物抵押和支付较高的利率，甚至直接拒绝贷款。

信用卡持卡人连续两次没有按时还款，便会被记录为不良信用记录。而持卡人的"不良信用记录"被记录在中国人民银行个人信用基础数据库，所有金融机构均可查询。当持卡人再次申请购房、购车及其他贷款时，信用记录将成为银行主要的参考依据。

目前导致个人信用不良记录主要有以下六种情况：

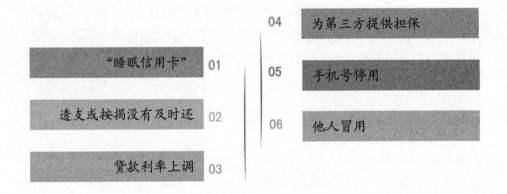

- 01　"睡眠信用卡"
- 02　透支或按揭没有及时还
- 03　贷款利率上调
- 04　为第三方提供担保
- 05　手机号停用
- 06　他人冒用

1. "睡眠信用卡"

"睡眠卡"就是指在一定时间内没有使用的，或者新申领还没有激活的信用卡。但是这样的信用卡也是会产生年费的，若不能及时缴纳就会产生负面的信用记录。

2. 透支或按揭没有及时还

目前信用卡已经成为人们经济生活中重要的金融工具，信用卡是一种支付工具，而且有透支的功能，可以先消费后还钱。因此，很多女性朋友成了信用卡的忠实用户。

但在使用信用卡的"透支"便利的同时，也必须遵守诚实信用的准则。恶意透支也许会给你带来一时的快乐，但后患无穷，恶意透支之后也要为自己的行为负责。信用卡透支消费、按揭贷款没有及时按期还款，也会产生不良记录。

3. 贷款利率上调

贷款利率上调以后，相应的还款金额也会发生变化，如果仍按原金额支付"月供"或分期，就会产生欠息逾期。所以，有贷款的女性朋友要时刻关注贷款利率的变化。

4. 为第三方提供担保

也许刷卡不良记录并不是由自己直接产生的，如果作为担保人为第三方贷款进行担保，如果第三方没有按时偿还贷款，在银行也会产生你的不良记录。

5. 手机号停用

一般在办理银行卡的时候，银行都会让在个人信息中填写手机号码，以方便联系持卡者。如果手机号码停用，没有办理相关手续，因欠月租费而形成逾期，也会写入不良记录。

6. 他人冒用

这种情况是持卡人被别人冒用身份证或身份证复印件产生信用卡欠费记录，这也会产生刷卡不良记录。

现在许多女人手里都有几张信用卡，如果有几个月未及时还款，就可能产生不良信用记录，从而导致在申请贷款时被银行拒绝，因此很多人都想招儿把自己的不良信用"铲"掉。

有不少女性朋友往往会采取这样一种错误的方法——销卡，以为这样就能抹去不良记录，其实这种做法不对。因为销卡以后，征信系统就不再有新的信用记录产生，那么之前的不良记录也因为没有被新记录替换而将一直存在。

如果您的信用卡出现了这种情况，您应该在还清欠款后，继续使用 24 个月，待用良好的记录将以前的负面记录覆盖后，再做其他处理，因为征信报告上只看到最近 24 个月的记录。

信用记录对办理信用卡、申请贷款等起到关键作用，如果只是逾期还款一次，且不是当前逾期，通常对贷款影响不大。不过需要注意，信用贷款对征信要求比抵押贷款要求更高。如果还款能力一般，近期又有逾期记录，这类信用贷款通常难通过审核。

尽管现在不良记录经过一段时间之后可以清除，但是时间很长，也会对自己的生活带来不便。在不良行为得到解决之后 5 年，个人或企业在征信系统中将恢复清白之身。如果个人因为信用诈骗犯罪获刑，刑满后七年，个人在征信系统中的不良信用记录也将清除。而且业内人士表示，良好信用不是一朝一夕就能获得的，它需要每个人在日常生活中慢慢积累。

八、你到底需要多少张信用卡

现在越来越多的年轻女士青睐信用卡，因为信用卡可以提前消费，还可以积分换小礼品，但当我们手持多张信用卡的时候，就要做好管理工作，从而更好地使用信用卡。

如今信用卡的种类非常繁多，这对于女性朋友来说的确是个头疼的问题。应该选择哪种信用卡？应该开设几张信用卡才能在保证自己信用评级的基础上享受信用卡带来的好处？

事实是没有信用卡和有一堆欠债的信用卡一样糟糕。如果钱包里有太多的信用卡，你也会感觉在理财时力不从心，甚至债台高筑、无法自拔。

因此，在决定要开设几张信用卡之前，你要好好考虑以下几个问题：

开设一张信用卡，积累个人信用　　　方便起见，开设一个借记卡

考虑好自己的消费习惯　　设几张信用卡　　设立应急资金

只用你需要的

1. 开设一张信用卡,积累个人信用

如果你只是想建立你的个人信用记录的话,那么一张信用卡就足够了。如果妥善地处理这一张信用卡并做到按时还款,你也会受益颇多。如果你并不确定自己可以处理几张信用卡,那么你也可以先开设一张信用卡,但你必须处理好你的收支确保自己的债务不会水涨船高。

2. 考虑好自己的消费习惯

如果没有使用过信用卡的经验,你可能会担心信用卡会让你陷入债台高筑的境地,但如果你非常清楚自己的消费习惯做到心中有数,那么你就可以放心地使用信用卡进行消费了。

无论是食品还是水电费,你都可以用信用卡进行消费,这样你不仅可以建立起个人信用,而且有些信用卡在消费一定额度后还会给予奖励。

3. 只用你需要的

信用卡的类型非常多,不同的信用卡可能对不同类型的消费都有特定的优惠措施,但如果你并没有使用过信用卡的经验,那么你没有必要开设不同类型的信用卡,即使它们的奖励听起来确实很棒。

因为一旦你无法保持收支平衡,逾期还款所导致的高昂利息费会抵消掉信用卡的优惠福利,所以最明智的选择是清楚你的消费习惯,并按照你经常消费的类型选取特定的一两张信用卡。

4. 设立应急资金

用于刚开设的信用卡利率一般较高,因此并不适用于应急资金。此外,许多信用卡的年金也十分高昂,把这些卡作为应急资金也不够明智。

信用的建立需要规律的消费并且按时付清账单,因此把信用卡闲置并作为应急时的工具是错误的做法。正确的做法是节省下一部分钱作为你的应急资金,在有突发情况时你可以使用这笔钱来解燃眉之急。

5. 方便起见,开设一个借记卡

尽管开设信用卡并且建立自己的信用是一件很重要的事情,但当你并不确定是否能够对你的账户负责时,开设一张借记卡是一个非常正确的选择,没有了借记卡就好像去超市购物没有塑料袋一样。

最近有 Visa 或者 MasterCard 标记的借记卡也可以完成信用卡可以完成的许

多事情，比如说，租车或者信用消费等，因此这种借记卡对于实在不想开设信用卡的人来说确实是一个不错的选择。

简而言之，卡多了并不一定有好处，那么我们到底需要多少张卡呢？一般来说，普通人持有两到三张卡是比较适合的。

九、互联网信用消费，购物更便利

现如今以智能手机、智能终端为代表的移动互联网技术已对个人消费行为产生了潜移默化和不可逆的影响，信用消费新格局也在形成，信用卡行业也因此迎来了的前所未有的机遇和挑战。

互联网信用消费主要是指消费者向一些金融机构借款，用于购买商品和服务的一种消费方式。互联网信用消费是商品经济发展到一定阶段的产物。互联网信用消费方式的出现使消费者在安排消费支出上更加灵活，能够预支未来收入，提前实现消费愿望。

消费信贷是互联网信用消费的主要形式。消费者是信用消费的主体，又是消费信贷的需求者，在获得商品的同时成为债务人。

互联网信用消费的特点是先消费，后付款，商品买卖和资金借贷相结合；信用消费以自然人为贷款对象；以个人信用为基础；以金融机构的资金作支持。

那么，互联网信用消费到底是什么，和信用卡一样吗？互联网信用消费又能给我们带来什么好处呢？下面就目前市场上最火的两个产品来了解一下。

1. 京东白条

相信大家都知道，打白条的意思就是买东西先打个欠条，等有钱了再还，而京东白条就是这个原理。

京东白条是京东商城推出的个人消费贷款服务，指用户凭借白条在京东购物时，面向个人的消费信贷，设有最长 30 天的免息付款期。而且京东白条也支持信用卡还款。

京东白条的申请额度在 3 000 元到 5 000 元，最高额度 1.5 万元。因为消费记录等不一样，申请人的具体贷款额度是不一样的。

2. 花呗

花呗是支付宝推出的一项类似信用卡的服务，这款"赊账消费"工具与信用卡产品类似，消费者可以通过花呗购买产品，下月再进行还款。因为都是属于互联网信用消费，花呗与京东白条是类似的。天猫和淘宝的大部分商户或商品都支持花呗服务。

从功能上来看，花呗是一款能购物消费、有免息期、能分期还款的虚拟信用。但是与传统信用卡相比，花呗不能取现，其只能用于线上消费，不能转至银行卡变成资金，也不能用于支付宝的线下支付。

"花呗"的消费额度为 500~50 000 元不等。因为消费记录等不一样，申请人的具体贷款额度是不一样的，花呗用户拥有最长 41 天的免息还款期。

需要注意的是，因为花呗是用户在收到货物确认后的下一个月的 10 号为免息还款期，所以记得要算好下单、收货确认的时间，才能享受更长的免息期。

下表为京东白条、花呗和银行信用卡的对比。

	京东白条	花呗	信用卡	点评
免息期	≤30 天	≤41 天	≤56 天，多数免息期为 20 天~50 天	电商们的免息期相当于信用卡免息期的正常水平
额度	≤1.5 万，一般在 3 000 元到 5 000 元	500 元~5 000 元不等	一般在 3 000 元~10 万元	信用卡的授信额度，整体高于电商的产品
申请难易度	基本上任何在京东上买过东西的会员都能申请到	基本上任何在淘宝上买过东西的会员都能申请到	一些自由职业者或者低（无）学历者不一定能申请到银行信用卡	电商的信用消费申请起来较为容易，且网上申请，操作非常方便
逾期处罚	每天要按 0.03% 的费率收取费用，但只有逾期未还部分收费	每天要按 0.05% 的费率收取费用，但只有逾期未还部分收费	不仅每天要收至少 0.05% 的利息，且绝大多数都是当期账单全额罚息，还有滞纳金的"惩罚"	整体来看，电商的互联网信用消费的逾期处罚要比银行信用卡小很多

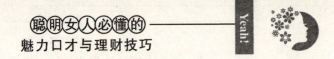

对于习惯网上消费的用户，电商们的信用消费确实非常实惠，不仅费率更低，而且申请操作也非常容易便捷。但是最后还不起钱，受伤的还是我们自己！

现在透支消费被一些人用作盲目赶时髦、讲排场、摆阔气的手段，月光族、负翁族、奢侈族成了一道道惹眼的风景。伴随而来的是巨大的精神负担和经济压力。年轻人爱追求潮流和新奇又有较强的虚荣心，而透支消费一不小心就成为年轻人奢侈购物的催化剂。

据了解，在电商消费逾期也可能影响我们的个人征信情况。一旦影响征信，对我们个人银行贷款、出国留学等都会造成一定的影响。因此，大家一定不要盲目，要理性消费！

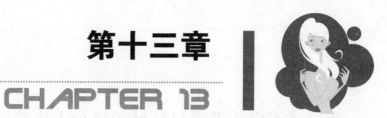

第十三章

CHAPTER 13

何去何从，不可不知的房产理财策略

　　房子对中国人来说，绝对有着重要的意义。房子是每个家庭最重要的资产，即使对那些没有买房的人，房租也是每个月最大的支出。我们守着自己的收入，想要在一个城市为自己建一个小小的"窝"，为此不得不省吃俭用。难道这些不应该引起我们更大的注意吗？难道房子不值得我们动更多的脑筋来思考吗？

一、租房或买房，看看自己处于哪个人生阶段

租房合适，还是买房合适？这是许多人都会问的一个问题。对于这个问题，答案不过是买房或租房，但每个人的理由却不尽相同。

有人会告诉你，不要买房，有钱不如去做生意，几年后就能赚大钱，但他没有告诉你的是，可能半年不到你的钱就赔光了；有人告诉你，房子只要买一套就赚一套，哪怕砸锅卖铁借钱也要买房子，可是借的钱总是要还的，这样压力太大了；也有人会说，现在房价正高等降下来再买，结果房价不仅没降反而一路狂飙，等到了不惑之年，还住不上自己的房子，连孩子上学都让人着急。这真的是你想要的生活吗？

1. 在解决买房还是租房的问题之前，先讲几个误区

（1）等到房价降到最低时再出手

董明辉在某公司做中层管理，他已经北漂了 24 年。那个时候北京的平均房价大概在每平方米 7 000 元。他当时还没有买房，老婆和孩子都在老家。

作为一个中层管理者，他给自己租了个不错的房子，当时租金为每月 1 500 元。他每月回一趟老家，与妻子团聚，来回的路费也要七八百元。

有同事问他："既然每个月你要出这么多的租金和路费，为什么不在北京按揭一套房子？你应该也有些积蓄了。"

他说："现在的房价是脱离市场规律的，异常的高，早晚有一天要跌下来。"

几年之后，北京的平均房价从7 000元升到了3万元以上！现在他是想买也买不起房子了，而和他年龄差不多的同事，已经在北京买了两套房了。

楼市的底部是无法判断的，其实董明辉最初完全有能力购买，而本身也是"刚需"的情况下不出手。结果他错过了购买时机，房价高涨，再也没有能力购买，最终后悔莫及。

市场什么时候处于高位，什么时候处于低位，谁也无从准确判断，所谓根据土地供应量、银行放贷量、开发商的热情等做出相对底部的判断，都是自欺欺人。因此，如果自己有购买能力或者有刚需的则可以买入。

（2）有房才成家

我国许多人都有严重的土地情结，但当土地私有后人们成了房产情结，认为有房才有家，有房才有安全感。

我不支持"一刀切"的租房，也同样不支持"只有有了房子才有家"的说法。买房要综合考虑各种因素，不能单凭某些需求就拍脑袋做出决定。

买房和租房要根据个人的经济实力来决定，对已经攒够首付并有相应还款能力的人来说，可以考虑购房，但如果经济实力不够，即使是收入稳定，也千万不要因为结婚而买房。否则当上了"房奴"，不仅经济上压力太大，甚至会有更大的精神压力。

（3）压低购房开支，最好车房一起到位

如果有一些钱，到底是把所有钱都用来买房，还是留一部分买车呢？有一些年轻人，想着即使房子远一些，有个车来回也会方便很多，不如压低购房开支买个不错的车。

我们在买房的时候，即使是考虑自住，也要尽量选择出行方便、以后有升值潜力的房子。房子每年都在涨价，对于大多数人来说，都没办法一下子买到自己想要的房产，那就尽量买一个能够顺利变现的房子，等以后换房或者出租也容易些，不能仅仅考虑当下，买个偏远、质量不好的房子，到头来砸到自己手里，住着不方便不说，也没法带来经济利益，就不值得了。

（4）租房是纯支出，终是一无所有

有人觉得租房是纯支出，甚至是给房东还贷款，最终自己一无所有。

有些房客听到自己租的房子，房东每月还 2 000 元的贷款，自己却要出 2 300 元的房租，就心理不平衡，觉得自己租房是纯支出，结果帮别人养了房子，到头来自己一无所有。

这时候要摆正心态。一方面，房东能将月供压到这么低，必然是付出很大的首付换来的；另一方面，付出租金换来的是居住权利，这是家庭的正常开支之一。现在政府强调房价调控，市场已经在悄然地发生变化，有些地方的房子开始降价，租房完全可以避免购房后房价下跌的尴尬。

2. 看看你是该租房，还是买房

在阐述了购房、租房的误区后，我想说的是，买房、租房是每个人生活中的一部分，就像吃穿用行一样，必须根据自身情况来认真对待，不同的人考虑不同的购房方式。

对于那些三四十岁、有一定的资金实力、工作稳定、收入相对较高的人，出于改善住房的愿望，如果资金充裕，完全可以考虑买房。

同样是改善性住房，如果现在资金比较短缺，可以考虑先租房渡过难关。

对于那些刚工作没多久，想要结婚的"刚需"买房者，如果现在有一部分的首付，那就要毫不犹豫地购置第一套房产，不过前提是要保证自己的收入能满足月供的要求。这时，购房者可以选择"以收入定面积"的方法来决定购买什么样的房产。

具体可以这么办：先选定想要购房的区域，确定下来自己要买单价多少的房子。然后再确定下来自己能承担的月均还款额，一般以不超过三分之一为宜。在已经知道月均还款额和首付的情况下，可以倒推计算出能贷款的额度。将贷款总额和首付加起来就是自己能买的房产的最高价格了，从而确定出房子的面积。

按这个方法就能到市场上"按图索骥"，找到自己想要买的房子了。

二、买房、租房，都是技术活儿

无论买房还是租房，都是很讲究技巧的，一次购房要缴纳几十万甚至上百万元，而租房也起码涉及几千元的支出。不管是买房还是租房，都是生活中的大支出，要慎重考虑，不能随意做出决定。

1. 购房策略

购买房子时，不管是新房还是二手房，都要讲究"拣房"的策略。

（1）新房

对于新房来说，有的开发商可能正好碰上了自己需求比较旺盛的时期，不得不大力降价促销，购买这样的房屋也是比较实惠的。

（2）二手房

如果是二手房，房主着急抛售或者短期内下降幅度比较大的房子，就赶快出手。专家研究表明，在二手房市场上，由于每个卖家的心态和房屋持有的时间不同，因此每个人对特定房租的售价也会有不一样的看法。有的卖家可能急需现金，有的卖家是因为当初买入的时候价格比较低，所以就愿意用低于市场的价格来卖出房屋，这就为买房者提供了"拣房"的基础。

（3）国家政策优惠的房子

再就是"拣"那些有国家政策优惠的房子，国家可能处于刺激经济的考虑，或者"救市"的原因，会对某类房屋出台比较优惠的政策，选择这样的房屋可以节省税费、交易成本或贷款利率。

当然，对于不同类型的购房者也要选择不同的策略。比如，对于过渡性购房需求，手里的钱不多，考虑到只是结婚用，以后想着能再置换比较大的房产，就要在考虑房屋保值的同时，尽量选择总价比较低的房产；改善性购房的话，由于有可能是最后一次置业，就要考虑得周全一些，比如，小孩的教育、医疗条件、自己的工作地点等；对于享受型购房者来说，房价对策略的影响就少多了，主要为享受。

2. 租房技巧

现在租房的人也不少，对于他们来说，也有如下一些技巧。

（1）刚刚步入社会的年轻人

由于事业正处于起步阶段，需要对工作投入比较多的时间和精力，选择一个交通便捷的地方比较合适，这样工作上随时有事，随时可以到达。现在的交通都很发达，一般来说对此类人群，找到一个能在 45~60 分钟到达办公室的居住地点比较好。当然，由于事业刚起步，为省钱起见可以选择"合租"的方式，不过要当心"群租"。同时，在选择合租时，尽量找自己的同学或朋友。

（2）二人世界

像那些已经结了婚还没有买房的人，如果两人的工作单位离得近还好说，如果离得远的话，就应该重点考虑比较忙的那一方，或者选择两人工作单位的中间点。

（3）三口之家

像那些以前的房子比较小，希望通过租房来改善居住条件的，这时考虑到小孩的上学问题（一般在户口所在地附近就近上学），可以选择在原住地附近租房。当然，三口之家也要考虑到其他方面的原因。

三、你买的是"婚房"，还是"昏房"

婚房依然是房地产市场消费的主力军，很多人都认为结婚就要有一套属于自己的房子。安家就要有房子，而租房也需要花钱，不如尽自己的能力买一套"小二居"，以后有条件再换大的。

有人认为结婚买房不合理，不应该这么早买房，因为中国大部分结婚的人都只有二十几岁，买了房子之后就固定下来了，不能全心全力去打拼。但试想，如果没有一个安稳的家，没有一个稳定的住所，打拼的动力也是很小的。

有人认为既然为了结婚买房，就必须一步到位，考虑到以后孩子、父母的问题，干脆直接买个"三居"。而现实的状况是，如果让自己每个月还的月供过高，岂不是压力很大，怎么还有心思再去拼事业。

也有人认为买婚房时小两口的积蓄太少，不如买个小点儿的、远点儿的，等到以后再换，可是如果买的房子过小、过于偏远，等到想要改善住房条件时，更换起来太难，也不好脱手。

真是众说纷纭，估计很多人未"婚"先"昏"了。那么，购买婚房应该注意什么呢？

忌过于精挑细选

要根据经济状况进项选购

忌过于看重附赠价值

要考虑到交通状况

购买婚房注意事项

考虑治安状况

1. 忌过于精挑细选

谁不想有一套皆大欢喜的房子，谁不想有个温馨的家？然而"萝卜青菜，各有所爱"，挑一个各方都满意的房子简直太难了。再加上小两口在选择婚房时一般都是父母资助，很多父母也会对房子的选择提出"指导性意见"，而小两口又怕将父母的钱打了水漂，必然会对房子千挑万选。

其实，每套房子都有其优点和缺点，挑一个大家都能够接受的就可以了。

2. 要根据经济状况进行选购

购买婚房的人大多是首次置业，所以千万要避免盲目的现象发生，也不能过分迷恋品牌，要仔细观察，做到货比三家，量力而行。

在购买婚房时，要考虑到夫妻两人的收入状况以及以后的工作发展状况，要有一定的前瞻性。一般说来，月供是每个家庭最重大的支出，将其控制在 1/3 左右比较好，切忌一味地贪大求全，要为自己将来 5~10 年提前订好计划，否则压力过大，影响到婚后生活就得不偿失了。

3. 要考虑到交通状况

现在稍微大点的城市，上下班高峰堵车是家常便饭，如果选择一个交通不便的地方，打车打不到，公交车不接驳，又没有地铁，这种房子住着不方便不说，即使将来想要租出去也很困难，或者租金上不去。

在买房时一定要考虑到交通状况，因为这本身就是房子的价值所在，地点好的房子以后卖出和出租都会非常方便。

4. 忌过于看重附赠价值，而忽略房子本身

现在开发商为了促销，会赠送各种各样的东西，消费者往往觉得赠送的东西"很合适"，就匆匆购买了，等真正入住后才发现里面有各种各样的猫腻，悔不当初。

很多人考虑到噪音、隔热、潮湿、卫生等问题都不愿意买一楼的房子，开发商为了将一楼的房子变成"香饽饽"，往往会打出"买房赠花园"的促销方式。可是，赠送的花园到底是不是业主自己的，必须问清楚。

赵慧茹在购买婚房时看上了附赠"私家花园"的一楼，虽然一直以来她都觉得一楼"脏、乱、差"，可是考虑到能在花园里种植花草、蔬菜，她还是交了钱。不久，物业公司却通知她：为了增加业主的停车位置，需要把她家的花园划出一部分。赵慧茹郁闷万分，就投诉了物业公司。谁知这才发现，原来自己的花园是当初规划时的绿地，属于业主共同所有。

除了赠送花园，有些开发商也会以赠送家电，可以让孩子上重点小学为诱饵让人们买房。但有时也会是骗局一场，因此在购买房子时千万不要被房子的赠品所迷惑，一定要考虑房子本身的价值。如果真有赠送的话，一定要让开发商在合同上写清楚，避免以后产生误解。

5. 考虑治安状况

小夫妻刚刚成立家庭或刚刚要小孩，这时候孩子小、工作压力大，如果周围的治安环境再不好，难免会影响到工作和生活，所以买房子一定要考虑到治安状况。在医院、客运站、火车站附近的房子一般交通比较便利、医疗配套设施比较好，但是往往人流量大，人员结构比较复杂，治安状况偏差，购房时千万不能因为贪图方便就忘了潜在的隐患。

除了上面要考虑的几点之外，买房子的时候还要从其他方面进行考察，比如房子的格局是否合理、房地产商的信誉如何、物业管理水平高低等。

房子在每个家庭中都占有重要地位，是家庭财产最重要的组成部分。买房子的时候一定要考虑到房子是否能保值、是否容易出手、是否容易出租、是否有涨价的空间等诸多因素，切忌为了买婚房，买了"昏房"。

四、别让你的公积金躺在银行睡大觉

住房公积金是按照法规缴存的一种长期住房储蓄金，职工缴存的住房公积金和职工所在单位为职工缴存的住房公积金，均属于职工个人所有。大多数地区对公积金均采取"冷"处理：让其躺在账户里"睡大觉"，自己根本不知道怎么使用，这无形中大大降低了公积金的收益率。

随着理财意识的加强，如何将公积金用好用活，成为投资者必须做的一门理财课。

1. 什么是公积金贷款

公积金贷款是要连续 1 年以上正常缴存公积金，并且账户总额超过 10 000 元的职工可享受的低息贷款方式。一般没有补充公积金的可以贷款 30 万元（个人），有补充公积金的可以贷款 40 万元，最高贷款年限是 30 年。

2. 支招公积金贷款

问题一：如果我公积金账户里有 1 万元，那再可贷款 30 万元，是不是买房的时候一共可支配资金是 31 万元呢？

答：错。可支配资金仍然是 30 万元，至于你账户里原来的 1 万元是通过年充或者月充的方式来抵扣你的 30 万元公积金贷款的。

解析：如此一来出现了一个很极端的情况，如果我公积金账户里有 30 万元，怎么办？很简单，国家仍然贷款给你 30 万元，然后你可以选择贷 30 年，再通过年充的方式一次性提前还款。为什么贷 30 年？是因为无论你贷款多久，第一个月必须自己倒贴现金进去（银行规定）。如果贷款 30 年，则为 1 520 元/月；如果贷款 1 年，则为 25 545 元/月（请自行百度"房贷计算器"）。再加上担保费 5 000 元。也就是说，如果你想把自己的公积金取出来，也至少要交 1 520+5 000 元的利息给国家。再次强调，这 30 万元是你本人的劳动所得。

问题二：考虑到通货膨胀，我想贷满 30 年可以吗？

答：基本不可能。国家按照房龄严格区分贷款年限，只有一手房或期房才可能贷满 30 年，二手房（在上海看来是绝大多数）最多贷款上限是 15 年。

解析：这样一来，就逼着你用自己更多的资金去填补公积金漏洞，以解他们的燃眉之急。

3. 公积金贷款门道多

众所周知，购房时是可以使用公积金的。但是除了买房时使用公积金外，很多人就再也不了解其还有什么别的用途了。事实上，善于利用公积金的人，可以让公积金轻松"动"起来。

王鑫和丈夫贷款买了一套房子，由于不符合公积金贷款的条件，就选择了纯商业贷款。买房后，两人沉浸在装修、结婚的幸福中，完全忘记公积金这回事了。

不知不觉两年过去了，有一次，王鑫收到公积金中心发来的一张对账单，才发现上面的余额已经到了3万多元。本来并没有把这当回事，但她后来一分析，觉得这样放着实在是太亏了。

于是，她给银行打了个电话，了解到她现在的情况完全符合支取公积金的条件，可以将公积金取出后，到银行办理提前还款，而且有两种方法：一种是用于贷款扣除，就是把这笔钱存到银行，之后的几个月银行直接从账面上扣除，自己不用再交贷款；第二种是可以对贷款本金进行冲抵，减低每个月的最低还款额。仔细考虑之后，王鑫认为第二种还款方式比较合算，可以节省很多利息。

在尝到了甜头之后，她本来想把丈夫的公积金也取出来去冲抵贷款，后来考虑到自己以后可能还会换房子，便打消了使用的念头，而是逐月取出做了基金定投，想为自己下次贷款储备首付。

看到这里，你是否也为自己账户里发呆的公积金扼腕叹息呢？事实上，这样的人占大多数。

讲到这里，那些购房未使用公积金的人是不是已经按捺不住自己，放下书去准备提前用公积金还款了？

实际上，虽然将公积金提出来可以提前还贷款，降低自己的房贷压力，不过，从理财的角度来讲，并不是所有人都适合提前还款的，比如，下面这三类人就可以考虑不提前还款。

- 享受了公积金贷款七折利率优惠的人。如果你享受了公积金贷款七折利率优惠，那么提前还款的话就要好好考虑一下了。因为现在你享受的贷款利率要低于5年期的存款利率，这就是说你把钱存在银行比提前还款能带来更多的收益。

- 等额本金还款已经超过5年的。选择等额本金还款方式，贷款早期还款中大部分都是利息，超过5年再提前还款的话，可以说这时还的本金比还的利息要多。所以可以将钱投入到其他投资渠道，这比提前还款更划算。

- 如果你有其他的投资渠道，比如，投资到股市、基金、期货市场，可能会得到更多的收益，就没有必要进行提前还款了。

五、五种方法，让你轻松购房还贷

现在房贷业务仍然是各家银行竞相争夺的美食，而在这种"鹬蚌相争"的时候，贷款购房者完全可以从中得利，找到适合自己的房贷产品和技巧，省下不少银子。

技巧一：房贷跳槽

所谓房贷跳槽就是"转按揭"，是指由新贷款银行帮助客户找担保公司，还清原贷款银行的钱，然后重新在新贷款行办理贷款。如果目前所在的银行不能给你 7 折房贷利率优惠，就完全可以房贷跳槽，寻找最实惠的银行。据了解，目前大部分股份制小银行为积极争取客户，更加愿意给予优惠。

但转按揭会存在一些不可避免的费用，包括担保费、评估费、抵押费、公证费等。不过有些银行为了吸引客户，特意推出"低成本转按"服务，如可以免掉"担保费"这项最大头的费用，其余的费用也就大概不到千元。

技巧二：按月调息

不少商业银行都有固定利率房贷业务，由于固定利率推出时尚处在利率上升通道，所以在设计时比同期浮动利率略高，只要央行加一次息，它的优势就立即显现出来。

但一旦降息，选择它的购房者就吃亏了。因此在降息趋势下，购房者以前若选择的是房贷固定利率，赶紧转为浮动利率才划算。不过，"固定"改"浮动"

需要支付一定数额的违约金。部分银行推出了"按月调息"方式，客户如选择"按月调息"，在利率下调时则可享受优惠。

技巧三：双周供省利息

尽管每个月仍然偿还同样数额的房贷，但是由于"双周供"缩短了还款周期，比原来按月还款的还款频率高一些，由此产生的便是贷款的本金减少得更快，也就意味着在整个还款期内所归还的贷款利息，将远远小于按月还款时归还的贷款利息，本金减少速度加快。

因此，双周供还款的优点就是还款的周期被缩短，同时也节省了借款人的总支出。

不足之处是贷款人每月向银行还款的日期就将不断提前，一年下来就要多还一个月的贷款，这样会增加每个月资金不宽裕的贷款人的压力。因此，对于工作稳定，收入稳定的人，选择双周供还是很合适的。

技巧四：提前还贷缩短期限

在决定提前还贷之前要算好账，因为不是所有的提前还贷都能省钱。如果还贷年限已经超过一半，月还款额中本金大于利息，那么提前还款的意义就不大。

此外，部分提前还贷后，剩下的贷款购房者应选择缩短贷款期限，而不是减少每月还款额。因为银行收取利息主要是按照贷款金额占据银行的时间成本来计算的，因此选择缩短贷款期限就可以有效减少利息的支出。

假如贷款期限缩短后正好能归入更低利率的期限档次，省息的效果就更明显了。而且在降息过程中，往往短期贷款利率下降的幅度更大。

技巧五：公积金转账还贷

在申请购房组合贷款时，可尽量用足公积金贷款并尽量延长贷款年限，在享受低利率好处的同时，最大限度地降低每月公积金的还款额。

在家庭经济可承受范围内尽可能提高每月贷款的还款额。这样月还款额的结构中就会呈现公积金份额少、商业份额多的状态。公积金账户在抵充公积金月供后，余额就能抵充商业性贷款，这样节省的利息就很可观。

六、总想着提前还贷，这样真的好吗

身边总有些女性朋友会有这样的做法，攒了一笔钱就想提前还房贷，可是她并没有那么多闲置资金，提前还了房贷，接下来还是要省吃俭用、东拼西凑。据专家分析，90%的人着急还贷都是受心理因素驱动的。

在生活中，许多人是必须贷款才去贷款，如果有足够的钱很少有人去贷款。其实，许多想提前还贷的人并不是忽然有了很多钱，而是辛辛苦苦省吃俭用节衣缩食攒的钱。但是，这样提前还贷真的好吗？

下面就来看一下提前还贷最常见的三个误区：

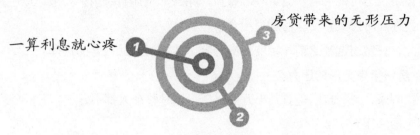

1. 一算利息就心疼

有些女性朋友总是在算利息总额，一算就觉得自己要还的很多，自己亏了，于是总想着赶快把贷款还上。可是，提前还款真的省钱吗？

假设贷款 100 万，还款期为 20 年，按照当前商贷利率 4.9%来计算：

等额本金还款：总共要还的利息总额是 492 041 元，累计还款额 1 492 041 元，利息接近了本金的 50%。

等额本息还款：总共要还的利息总额是 570 665 元，累计还款额 1 570 665 元，利息总额达到了 57%。

这样算下来，还贷的利息确实不少，但是如果我们把手里的钱拿来做投资，完全可以冲抵利息，并有一些剩余。

举例说明，假如你手里有 10 万，如果提前还款的话，20 年可以少还 57 000 元的利息。如果不提前还贷，商贷利率是年化 4.9%，某理财产品一年期产品的收益是 8.8%，投资这一理财产品，每年可以得到 8 800 元的收益。这样算下来 20 年的利息只要 6.5 年就挣出来了。

因此，千万不要被利息总额给吓到了。

特别要注意未还本金，如果本金已经还了三分之一左右，这时等额本金法还款已经没多少利息了，提前还贷意义就不大了。即使投资收益率只有 5%，也没必要提前还贷。

2. 手中正好有一笔钱

有些女性朋友手里一旦有闲钱了，最先想到的就是把房贷还上。其实，手里有钱的时候有三个选择：花掉、投资和还贷。

如果选择花掉，可能会满足自己的需求，让自己产生满足感；如果选择投资，就如上边所说，可能会有一笔可观的收益，除去房贷还有剩余；如果选择还贷，可能会让你当时感到轻松，心理负担会小一些。

因此，在做出选择之前一定要权衡利弊，找到对自己最好的选择。

3. 房贷带来无形的压力

一觉醒来，想到自己还有几十万的房贷，顿时整个人都不好了。房贷会给人们很多无形的压力。

房款是否越长越好、是否应该提前还款、采用等额本金还是等额本息法，表面看这是三个问题。其实，如果不考虑个人现金流压力方面的问题，本质上是同一个问题：我是尽量多占据现金，还是尽快把手中的钱还给银行？

而拥有现金显然是要用于投资，否则放在家里睡大觉也是一种浪费。因此，问题成了：是尽量占据资金去投资，还是尽快还给银行？

而要回答这一问题，一定要清楚所持有的资金用于投资收益是否可以超过贷款利息。如果你的投资回报高于贷款利息，大可不必着急把钱还给银行。

没有欠债确实会感到轻松，但是也会让自己原始积累的过程更加漫长。因此，我们应该找到对自己最好的方法，而不应该不顾实际情况，手里有钱就赶紧放到房子里。

七、房产中介，细数行业的五大规则

房产中介的存在，为房屋买卖双方搭建起桥梁，方便了双方交易的达成。但是，该行业在发展过程中出现的一些问题，"宰人"毫不手软，行内至少有五大规则。

中介"扣房"多赚数倍
用虚假信息拉拢顾客　　占用房款去收房
做低房价帮忙逃税　　　　超长合同套房东
房产中介五大潜规则

一：中介"扣房"多赚数倍

现在一些中介公司都在"扣房"，通俗来讲就是与卖方达成一个合理的低价将房源买下，然后再通过高价卖出，中介公司从中赚取高额的差价。

中介公司在"扣房"时是以卖方"委托转让"的方式进行的。中介公司与卖家会进行一个委托公证，这一过程的成本非常低。当委托成功后，房产便由中介公司委托销售了。

二：用虚假信息拉拢顾客

有时中介发布一些比较受欢迎的房源信息，但去看房时才发现，这些房子要么已被卖掉，要么就是货不对板，价格也贵出好多。有些中介公司，同一个房源一般会放出一个比市场价低的价格，另一个则和市场价持平，如果消费者根据放出的低价来咨询，中介一般都会称该房已卖或被订，然后趁机推荐新的房源。

三：做低房价帮忙逃税

中介常用的手法之一，就是把房子"打包卖"。例如，给卖主挂出"实收价"，将来成交后所有费用全部由买家出，房主因而心存感念。同样，为了吸引买家，中介通常会把房价故意做低，让买家少交一些契税和房屋维修基金，买家就会乐意买下该房。不过，一旦被相关部门查出，买家不仅要补齐各种税费，还要面临高额罚款。

四：占用房款去收房

现在一些中介在与消费者签三方协议时，会尽力劝说买卖双方从中介公司过款，买方要在去房管局签买卖契约之前将全款（如果是一次付款的话）打到公司账上，但中介退款给房主的时间却是新房本下来后3日内，名义上说是要保护买卖双方的利益。这期间有长达半月甚至一个多月之久的时间差。有滚动资金在手里，中介就可以利用别人的钱去生钱。

五：超长合同套房东

一些中介公司对租房者也不放过，利用超长合同套房东。长期从事中介工作的小蒋称，其所在公司的一员工之前与一房主签了6年的租房合同，月租金1 000元。之后该员工花了500元将该房重新粉刷了下，一个月以1 300元的价格租了出去，且是一年一租。这几年下来，租金年年涨，该员工赚了数万元。

八、女人买房，你要知道这些陷阱

人们在购房时，往往会面临太多的选择和诱惑，而销售方正是抓住这一时机设置重重陷阱，让购房者迷失方向。许多人用毕生的积蓄来买房子甚至负债置业，在买房的过程中却容易被开发商的种种伎俩蒙蔽了眼睛，往往在买房之后懊悔不及却回天无力。

购房时一定要谨防以下八大类陷阱。

买房的八大陷阱

第一类陷阱：虚假广告

许多购房人买某一个项目的欲望，首先来源于房地产商的广告或者展会上的沙盘，但这些设计精美的广告经常是吹得天花乱坠，与真实情况不符。

一些开发商不只夸大广告，"样板房"也要花招，利用样板房欺骗消费者。样板房质量、结构与实际所交房不符、装修中利用视觉误差、家具尺寸相对缩小等进行误导。

应对策略：

购房者要仔细阅读购房合同中的内容，必要时还要把广告宣传的内容全部载入正式的合同中，这样才有保证。

第二类陷阱：**配套设施**

开发商在销售时对今后的生活配套设施承诺得完美无缺，但当购房者真正领取了钥匙入住以后，会发现许多的承诺落实得并不到位。

应对策略：

一是购房者应冷静分析各种配套设施存在的可能性和合理性，不为销售者的花言巧语所迷惑；二是调查教育设施是否为教育行政部门所认可；三是看周围是否有替换的配套设施。假如缺乏上述措施，一旦开发商提供的配套设施不配套，麻烦就多了。

第三类陷阱：**内部认购**

内部认购就是房地产开发商不公开地预售商品房。由于内部认购的商品房价格相对较低，从而能够吸引许多买房者。但一些内部认购的商品房是在开发商未取得《商品房预售许可证》的情况下销售的，交易不受法律保护，购房者的权益也无法受到保障。

应对策略：

最好不要购买这类商品房，至于想买低价房的业主或投资者，应选择信誉好、实力雄厚、具有市场品牌的楼盘。

第四类陷阱：**物业管理**

在购房时有些开发商强迫业主接受其指定的物业管理公司的服务，损害业主的正当权益。或在房屋售出一段时间后偷偷更换物业管理公司，以次充好。

应对策略：

购房者在签订房屋买卖合同时，对指定的物业管理公司服务期限超出一年的应提出反对意见，因为这属于不合理的违反购房者意愿的附加条件。

第五类陷阱：**逃避债务**

许多公司经常使用借破产逃债这样的伎俩。一些不负责任的企业常常将资产转移到另一项目中，或隐匿财产、抽逃资金、做假账造成破产的假象，搞假破产。

应对策略：

业主应尽量选择信誉好的开发商，要分清股东与公司的关系，同时明察暗访项目公司的实际财产。

第六类陷阱：乱收费

购房者与地产销售商签订的购房合同会有空白的地方作为合同的补充条款，但如果双方没有补充条款，一定要注意合同的空白处别让开发商做了手脚。物业管理公司乱收费，通常表现在下列几方面：

（1）超出核准的价格收取管理费；

（2）擅自提高收费标准，赚取收费差价。

应对策略：

业主们应积极参与，选举出为全体业主服务的业主委员会。让业主委员会挑选信誉好的物业管理公司，或解除与信誉不好的物业管理公司之间的合同，并有权监督物业管理公司的行为。

在签订购房合同时，一定要耐心看完全文，遇到空白处应填上自己应有权益的内容。如无须填写时，也应画上横线，不要让销售方有机可乘。

第七类陷阱：房产证拖着不办

在购房时一定要弄清楚房产证，有些开发商会承诺购房者在三个月之内办理房产证，但有时好几年房产证依然没办下来。而且找开发商询问时，对方永远都说"正在办理中"。

应对策略：

买房时一定要看商品房是否"五证"齐全。即《国有土地使用权证》、《建设用地规划许可证》、《建设工程规划许可证》、《建设工程开工许可证》、《商品房预（销）售许可证》。若不齐全，消费者购买后可能拿不到房产证，商品房质量和自己的权益也得不到保障。

第八类陷阱：户型拆分一房多卖

在销售业绩惨淡时，许多销售方会把曾经拼接的大户型拆分来卖。在利益的驱使下，一些开发商在房屋买卖过程中，会将一套房屋同时卖给两人，甚至多人。

这种做法严重损害了购房者的合法权益，并在社会上产生严重的负面影响。"一房多卖"是我国现阶段房地产交易市场存在的一个突出问题，"一房多卖"从中渔利的不法房地产商，不仅挫伤了群众购房的积极性，也对我国房地产业的健康发展产生了影响。

应对策略：

在购房时一定要有维护自己权益的意识，签订完善的合约，别让不法分子有机可乘。在受到损害时，要用法律维护自己的合法权益。

九、二手房轻松淘，"七步走"战略不可少

二手房交易是指已经在房地产交易中心备过案、完成初始登记和总登记的、再次上市进行交易的房产。它是相对开发商手里的商品房而言，是房地产产权交易二级市场的俗称。

由于交易产品属性的多样化，以至于二手房在交易过程中比一手房交易复杂了许多。对二手房交易流程的不了解，往往也成为想购买二手房人群的最大困扰之一。七步走战略，教你轻松淘到二手房。

查询信息实地看房　签订二手房买卖合同　到银行办理贷款手续　办理过户手续　交纳相关税费　办理产权手续　付清余款完成交易

步骤一：查询信息、实地看房

首先要通过报纸、网络等媒介消息源，与卖方建立信息沟通渠道。但不能只听别人说，也要眼见为实，一定要实地看房、考察地段、商谈价格确定购房意向，同时要求卖方提供相应的合法证件，比如，房屋所有权证书、身份证、户口簿等一系列证件。

步骤二：签订二手房买卖合同

在商定价格、确定成交意向并在卖方提供房屋相应合法证件后，买方可以交纳购房定金，但交纳购房定金不是商品房买卖的必经程序。协商沟通后，双方签

订至少一式三份的房屋买卖合同。

步骤三：双方共同到贷款银行办理贷款手续

如果买方需要贷款购房，在买卖双方达成意向后，由贷款银行指定评估公司对双方将要交易的房屋进行评估，确认贷款额度。

在双方签订完房屋买卖合同后，买卖双方需共同到贷款银行办理贷款手续，银行对贷款申请人信用审批后，会通知双方完成产权变更，买方领取房屋产权所有证后，要在银行的陪同下办理他项权利证，他项权利证下发后，银行将一次性向房主发放贷款。

步骤四：双方共同到产权交易中心办理过户手续

签订合同后，买卖双方要共同到房产交易中心提出申请，接受审查。相关部门会对符合上市条件的房屋准予办理过户手续，对无产权或部分产权又未得到其他产权共有人书面同意的情况拒绝申请，禁止上市交易。

步骤五：交纳相关税费

二手房税费的构成相对复杂，要根据交易房屋的性质而定。比如，房改房、危改回迁房、经济适用房与其他商品房的税费构成是不一样的。

步骤六：双方共同到产权交易中心办理产权手续

买卖双方在完成房屋产权变更登记后，将交易材料交给发证部门，买方凭领取房屋所有权证通知单到发证部门申领新的产权证。

步骤七：付清余款完成交易

买方付清房款，卖方交付房屋并结清交房之日前的所有费用后交易完成。

十、妈妈们，为孩子选哪个学区房

良好的学习环境会对孩子的教育有着重大的影响，现在重点学校就是因为有良好的学习环境和浓重文化气息而受到家长们的喜爱。妈妈们都希望孩子能够在良好的环境受到熏陶，使孩子的身心获得更好的发展，所以学区房成了许多妈妈们关注的焦点。

从某种意义上说，学区房是房地产市场的一种衍生品，也是现行教育制度下的一种独特的现象。随着社会竞争的日益激烈，个别妈妈为了不让孩子输在教育的起跑线上，不惜花费重金购置拥有良好教育质量的学区房，一些重点中学附近的房产也备受妈妈们的青睐。

想要买到心仪的学区房不是一件简单的事，有足够的资金作支持是一个方面，同时还要懂得避开"伪"学区房的陷阱。因此，购买学区房需要了解以下四个事项：

离学校近不一定属于学区房

学区房不一定有学位

留意户籍和学籍

算好学区房与择校费哪个更划算

1. 离学校近不一定属于学区房

有的人认为只要房子周围有学校，就意味着是学区房，只要买了学校附近的房子孩子就一定能上这所学校。这是一种错误的认知，学区房的认定并非是依据其距离学校的远近，学区的划分是教育部门根据当年区域内适龄学生的数量进行合理分配教育资源，每年都会发生一些变化。因此，尽管一些楼盘与名校相邻，甚至只是一街之隔，也未必就是学区房。在购房之前应该提前向相关教育部门、居委会进行咨询，查询学区的划分情况。

2. 学区房不一定有学位

有些楼盘在宣传时承诺购房就有资格进入相应签约的学校，但是等到孩子报名入学时，却被告知没有该校的入学资格。为了避免发生这种情况，最好在购房的时候将"送学位"写入合同，且最好尽快使用。此外，在购房前应该对楼盘所属学区的学校进行了解，看学区内是否有适合自己孩子的学校，以免两头空。

3. 算好学区房与择校费哪个更划算

在房价较高的情况下，如果单纯地只是为了一个入学指标而买学区房的话，最好先算一笔账，究竟是买方合算还是交择校费更合算。如果是购房投资，也要测算房子未来的增值空间。

4. 留意户口和学籍

即使房子是学区房，但如果孩子的户口没有迁入，也会影响孩子的入学。购买学区房时应该了解清楚房屋的户籍状况、入学资质要求。此外，在购买二手房要注意留心两个问题：一是确保卖方的户口已经及时迁出；二是有的学校会有规定同一套房只能有一个入学名额。因此，在买二手房之前一定要确定该户的名额是否被占用过。